essentials

essentials liefern aktuelles Wissen in konzentrierter Form. Die Essenz dessen, worauf es als „State-of-the-Art“ in der gegenwärtigen Fachdiskussion oder in der Praxis ankommt. *essentials* informieren schnell, unkompliziert und verständlich

- als Einführung in ein aktuelles Thema aus Ihrem Fachgebiet
- als Einstieg in ein für Sie noch unbekanntes Themenfeld
- als Einblick, um zum Thema mitreden zu können

Die Bücher in elektronischer und gedruckter Form bringen das Expertenwissen von Springer-Fachautoren kompakt zur Darstellung. Sie sind besonders für die Nutzung als eBook auf Tablet-PCs, eBook-Readern und Smartphones geeignet. *essentials:* Wissensbausteine aus den Wirtschafts, Sozial- und Geisteswissenschaften, aus Technik und Naturwissenschaften sowie aus Medizin, Psychologie und Gesundheitsberufen. Von renommierten Autoren aller Springer-Verlagsmarken.

Weitere Bände in der Reihe http://www.springer.com/series/13088

Dirk Lippold

Führungskultur im Wandel

Klassische und moderne Führungsansätze im Zeitalter der Digitalisierung

Dirk Lippold
Berlin, Deutschland

ISSN 2197-6708 ISSN 2197-6716 (electronic)
essentials
ISBN 978-3-658-25854-2 ISBN 978-3-658-25855-9 (eBook)
https://doi.org/10.1007/978-3-658-25855-9

Die Deutsche Nationalbibliothek verzeichnet diese Publikation in der Deutschen Nationalbibliografie; detaillierte bibliografische Daten sind im Internet über http://dnb.d-nb.de abrufbar.

Springer Gabler

Springer Gabler ist ein Imprint der eingetragenen Gesellschaft Springer Fachmedien Wiesbaden GmbH und ist ein Teil von Springer Nature
Die Anschrift der Gesellschaft ist: Abraham-Lincoln-Str. 46, 65189 Wiesbaden, Germany

Was Sie in diesem *essential* finden können

- Überblick über die wichtigsten klassischen Führungstheorien und -ansätze
- Überblick über die wichtigsten neuen Führungskonzepte (New Work-Ansätze)
- Gegenüberstellung von klassischen und neuen Führungsansätzen
- Umsetzung neuer Führungskonzepte in die Praxis
- Aussagen zur Demokratisierung von Führung
- Aussagen zur Vereinbarkeit von neuen und alten Führungsansätzen

Vorwort

Wenn die digitale Transformation immer wichtiger, wenn das Veränderungstempo immer schneller und wenn der Generationenwechsel immer sichtbarer wird, muss sich Führung zwangsläufig an die neuen Gegebenheiten anpassen. Doch wie die Führung einer Organisation in Zukunft aussehen sollte, darüber ist eine kontroverse Diskussion entbrannt.

Es prallen **klassische Führungsansätze und -konzepte,** die eng mit dem Verhalten und den Eigenschaften des Vorgesetzten verknüpft sind, auf **neuere Ansätze** – Ansätze, die auf einen stärkeren Interaktionsprozess zwischen Führungskräften und Mitarbeitern mit Perspektive auf eine gemeinsame, selbstorganisierte Führung setzen. Die Frage ist, welcher Weg eingeschlagen werden soll.

Aber wer kennt sich aus im **Dickicht der New Leadership-Ansätze**? Wo liegt der Unterschied zwischen Super Leadership, der agilen und der digitalen Führung? Worin unterscheidet sich die systemische Führung von der virtuellen Führung? Ist Shared Leadership erfolgreicher als Distributed Leadership? Und sind das überhaupt Gegensätze? Eines unterscheidet die klassische Führung aber von den neueren Ansätzen: Die New Work-Ansätze weisen einen deutlich höheren **Demokratisierungsgrad** auf.

Die praktische Bedeutung, wie **Führungserfolg** erklärt und wie gute Führung erreicht werden kann, lässt sich allein an der Vielzahl von jährlich erscheinenden Führungsratgebern ausmachen. Allerdings kann auch die Wissenschaft hierzu bislang keine generell gültige Führungstheorie und damit keine allgemein akzeptierte Sichtweise vorlegen. Es gibt weder *die* Führungskraft, noch *den* Führungsstil oder *die* Führungstheorie. Es ist – zumindest bis heute – nicht möglich, anhand eines Modells erfolgreiches Führungsverhalten allgemeingültig zu erklären.

Ich möchte den Leser mit auf eine Reise durch die verschiedenen Ausprägungen klassischer und neuerer Führungsansätze nehmen und zugleich aufzeigen, dass ein Miteinander der verschiedenen Konzepte deutlich erfolgreicher sein kann als ein kompromissloses Gegeneinander.

Berlin
im Februar 2019

Dirk Lippold

Inhaltsverzeichnis

1 Thematische und begriffliche Grundlegung 1

2 Klassische Führungsansätze und -theorien 3
2.1 Eigenschaftsorientierte Führungsansätze 4
2.1.1 Great-Man-Theorie 5
2.1.2 Theorie der charismatischen Führung 6
2.1.3 Theorie der transaktionalen/transformationalen Führung 7
2.1.4 DISG-Konzept 9
2.2 Verhaltensorientierte Führungsansätze 11
2.2.1 Führungsstilkontinuum 11
2.2.2 Ohio-State-Leadership-Quadrant 12
2.2.3 Verhaltensgitter-Modell 13
2.3 Situative Führungsansätze 15
2.3.1 Kontingenztheorie 16
2.3.2 Weg-Ziel-Theorie 18
2.3.3 Entscheidungsbaum 19
2.3.4 Drei-D-Modell 20
2.3.5 Situatives Reifegradmodell 21

3 Neue Führungsansätze und -konzepte 23
3.1 Einflussfaktoren neuer Führung 23
3.1.1 Digitalisierung und technologischer Wandel 24
3.1.2 Medien-Mix und Kommunikation über Distanzen 26
3.1.3 Generationenwechsel und hybride Arbeitskulturen 27
3.2 Ausprägungen neuer Führung 30
3.2.1 Super Leadership 30
3.2.2 Geteilte und verteilte Führung 31
3.2.3 Agile Führung 33
3.2.4 Systemische Führung 34
3.2.5 Virtuelle Führung (Führung mit neuen Medien) 35
3.2.6 Digitale Führung 38

4 Zur Vereinbarkeit alter und neuer Führungskonzepte 41
4.1 Führungserfolg und Führungsverständnis im Vergleich 41
4.2 Umsetzung neuer Führungskonzepte in die Praxis 42
4.2.1 Umsetzung in Start-ups 42
4.2.2 Umsetzung in Groß- und Mittelbetrieben 43
4.2.3 Hybride Führungskraft 46

5 Zur Demokratisierung von Führung 49

6 Unverhandelbare Führungsaspekte 53

7 Fazit 55

Literatur 59

1 Thematische und begriffliche Grundlegung

Ständig formieren sich neue Herausforderungen an das Führen von Mitarbeitern. „New Work" und „Digital Natives" sind die aktuellen Stichworte. Wo Manager in früheren Zeiten vor allem aus der Zentrale agieren konnten, vergrößert sich ihr Wirkungsbereich sehr schnell, verteilt sich meist auf mehrere Märkte und Umgebungen und vor allem auf Mitarbeiter einer neuen Generation. So ist es nur logisch, dass Führung sich solchen Gegebenheiten anpassen muss.

Und so ist es ebenfalls nur logisch, dass neue Führungsansätze Hochkonjunktur haben. Die Rede ist von Konzepten wie Super Leadership, agile, virtuelle und digitale Führung oder geteilte bzw. verteilte Führung – um nur einige zu nennen. Doch was ist so neu an diesen Ansätzen? Worin unterscheiden sie sich von der „klassischen" Führung? Was sind Ihre Gemeinsamkeiten?

Vor wenigen Jahren ging man noch davon aus, dass Mitarbeiter eine starke Hand brauchen, dass ihnen ein klares Ziel und vor allem der Weg dahin vorgegeben werden muss. Die neuen Führungsansätze berücksichtigen dagegen, dass auch gewisse Freiheiten und selbstständiges Handeln durchaus effizienter zum vorgegebenen Ziel führen können. **Klassische Führungstheorien und -konzepte** verbinden den Führungserfolg in erster Linie mit dem Verhalten und den Eigenschaften des Vorgesetzten. **Neuere Ansätze** ermöglichen dagegen eine breitere Perspektive auf Führung, indem sie den Interaktionsprozess zwischen Führungskräften und Mitarbeitern, die Bedeutung der Mitarbeiter und den organisationalen Kontext stärker in den Vordergrund rücken.

Somit stellt sich die Frage, ob es überhaupt einen Königsweg im scheinbaren Gegeneinander von klassischen und neuen Führungsansätzen gibt? Und wenn ja, wie könnte dieser Weg aussehen?

D. Lippold, *Führungskultur im Wandel*, essentials,
https://doi.org/10.1007/978-3-658-25855-9_1

Zunächst erscheint eine gewisse Unterscheidung zwischen **Führungstheorien** (bzw. führungstheoretischen Ansätzen), **Führungskonzepten** und **Führungsstilen** erforderlich.

Gedankenkonstrukte, die geeignet sind, Führungsphänomene der Realität aufgrund von Ursache-Wirkungsverhältnissen zu erklären und der Identifikation von Gesetzmäßigkeiten dienen, werden als **Führungstheorien** bezeichnet. **Führungskonzepte** dagegen sind auf die praktische Anwendung und Ausgestaltung von Führung ausgerichtet. Während etwa im Bereich klassischer Ansätze der Eigenschaftsansatz oder der Verhaltensansatz als Führungstheorien zu bezeichnen sind, handelt es sich bei den neueren Ansätzen wie „Agile Führung" oder „Digital Leadership" eher um praktische Führungskonzepte, deren theoretische Fundierung derzeit noch unzureichend sind. Gleichwohl sind die Grenzen nicht immer trennscharf zu ziehen. Der **Führungsstil** schließlich gibt die Form an, in der die Führungskraft ihre Führungsaufgaben im Rahmen der Organisation wahrnimmt. Der Führungsstil ist somit die Grundausrichtung des Führungsverhaltens eines Vorgesetzten gegenüber seinen Mitarbeitern [vgl. LANG/RYBNIKOVA 2014, S. 27 f. sowie JUNG 2017, S. 421].

2 Klassische Führungsansätze und -theorien

Die sogenannten klassischen Führungsansätze und -theorien haben gemeinsam, dass sie Aussagen über die Bedeutung von Führungseigenschaften, Führungsverhaltensweisen und Führungssituationen im Hinblick auf den **Erfolg** von Führungskräften treffen. Kenntnisse über menschliche und zwischenmenschliche Prozesse sowie über die Mechanismen bestimmter Führungsansätze und -theorien erhöhen die Wahrscheinlichkeit, dass sich eine Führungskraft in einer bestimmten Situation richtig bzw. erfolgreich verhält. Solche Ansätze und -theorien aus verschiedenen Wissenschaften (vor allem der Psychologie und Soziologie) werden im Folgenden kurz vorgestellt [siehe dazu auch Lippold 2015, S. 25–46 und Lippold 2014, S. 209–228].

Im Kern kann zwischen drei verschiedenen *Strömungen* der Personalführungsforschung entsprechend Abb. 2.1 unterschieden werden [vgl. Stock-Homburg 2013, S. 457 ff.]:

- **Eigenschaftsorientierte Ansätze** (= Eigenschaftstheorien und -modelle der Führung),
- **Verhaltensorientierte Ansätze** (= Führungsstiltheorien und -modelle) und
- **Situative Ansätze** (= situative Führungstheorien und-modelle).

Eine weitere Unterteilung der verschiedenen Führungstheorien kann anhand der Anzahl der verwendeten *Kriterien* zur Beschreibung des Führungsverhaltens vorgenommen werden [vgl. Bröckermann 2007, S. 343 f.]:

- **Eindimensionale Führungsansätze** normieren das Führungsverhalten lediglich nach einem Kriterium, dem Entscheidungsspielraum der Führungskraft.

D. Lippold, *Führungskultur im Wandel*, essentials,
https://doi.org/10.1007/978-3-658-25855-9_2

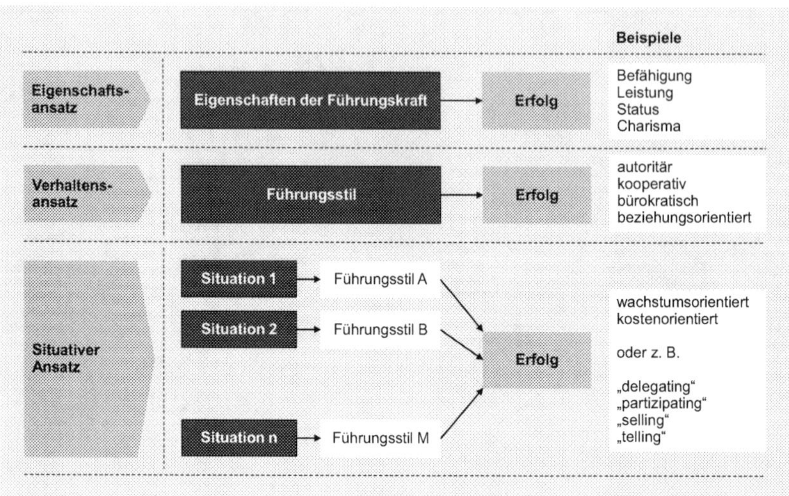

Abb. 2.1 Schema des eigenschafts-, des verhaltens- und des situativen Ansatzes. (Quelle: Neuberger 2002)

- **Zweidimensionale Führungsansätze** basieren in der Mehrzahl auf den Kriterien Beziehungsorientierung und Aufgabenorientierung zur Beschreibung des Führungsverhaltens.
- **Mehrdimensionale Führungsansätze** verwenden mehr als zwei Kriterien zur Beschreibung von Führungsstilen.

Abb. 2.2 gibt einen Überblick über die gängigsten theoretisch-konzeptionellen Ansätze in der Personalführung, die im Folgenden kurz vorgestellt werden sollen.

2.1 Eigenschaftsorientierte Führungsansätze

Die **Eigenschaftstheorie** (engl. *Trait Theory*) ist der historisch älteste Erklärungsansatz der Führung. Er geht in seinem Grundkonzept davon aus, dass Führung und Führungserfolg maßgeblich von den Persönlichkeitseigenschaften der Führungskraft bestimmt werden. Es wird angenommen, dass effektiv Führende bestimmte Eigenschaften besitzen, um Einfluss auf die Handlungen der Geführten auszuüben. Eigenschaften werden als zeitstabil und situationsunabhängig definiert, sie sollen klar feststellbar und messbar sein. Auch das

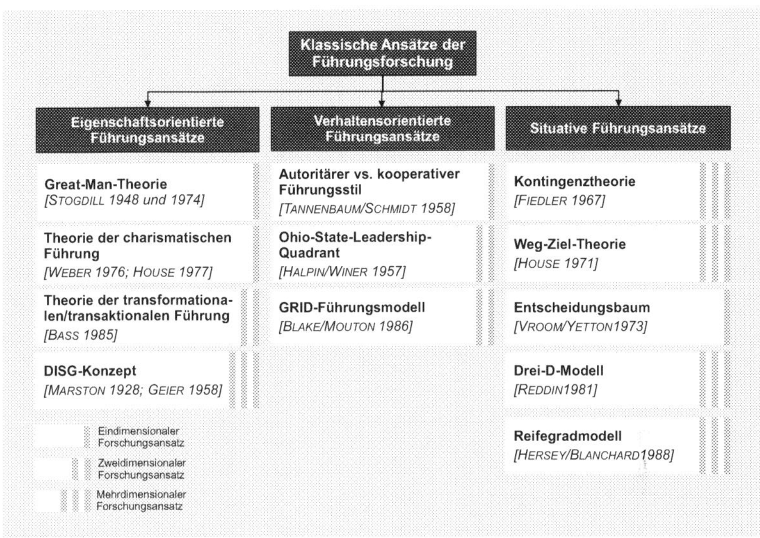

Abb. 2.2 Theoretisch-konzeptionelle Ansätze der Personalführung

Handeln der Führungsperson wird als Ergebnis dieser Persönlichkeitsmerkmale angesehen. Zu den wichtigsten Ansätzen der eigenschaftsorientierten Führungstheorie zählen:

- Great-Man-Theorie,
- Theorie der charismatischen Führung,
- Theorie der transformationalen/transaktionalen Führung und das
- DISG-Konzept.

2.1.1 Great-Man-Theorie

Bis zur Mitte des 20. Jahrhunderts konzentrierte sich die Führungsforschung hauptsächlich auf die Great-Man-Theorie, die vielfach auch mit der **Eigenschaftstheorie insgesamt** gleichgesetzt wird. Die Great-Man-Theorie ist in erster Linie an berühmten Einzelpersonen der Geschichte, sowohl aus Politik und Militär als auch dem Sozialbereich, ausgerichtet. Demzufolge sei nur eine kleine Minderheit der Menschen aufgrund ihrer Persönlichkeitsstruktur in der Lage,

Führungsaufgaben auszuüben. Führende werden als einzigartige, besondere Persönlichkeiten angesehen, ausgestattet mit angeborenen Qualitäten und Charaktereigenschaften, die sie auf natürliche Weise zur Führung befähigten. Im Mittelpunkt des Forschungsinteresses steht daher die Frage, welche dieser Qualitäten und Charaktereigenschaften einen erfolgreichen von einem erfolglosen Führer und was den Führer von den Geführten unterscheidet [vgl. STAEHLE 1999, S. 331 f.].

Aus einer Vielzahl von Studien, in denen unterschiedliche Charaktereigenschaften untersucht wurden und deren Systematisierung auf RALPH STOGDILL [1948 und 1974] zurückgeht, konnten fünf Merkmalsgruppen identifiziert werden, die einen korrelativen Bezug zum Führungserfolg haben [vgl. VON ROSENSTIEL 2003, S. 7 f.]:

- **Befähigung** (Intelligenz, Wachsamkeit, verbale Gewandtheit, Originalität, Urteilskraft);
- **Leistung** (Schulische Leistung, Wissen, sportliche Leistung);
- **Verantwortlichkeit** (Zuverlässigkeit, Initiative, Ausdauer, Aggressivität, Selbstvertrauen, Wunsch, sich auszuzeichnen);
- **Partizipation** (Aktivität, Sozialibilität, Kooperationsbereitschaft, Anpassungsfähigkeit, Humor);
- **Status** (Sozioökonomische Position, Popularität).

Die Sichtweise, dass Führungserfolg lediglich auf die Persönlichkeitsmerkmale des Führers zurückzuführen ist, gilt heute als überholt. Doch trotz aller Kritik genießt dieser Ansatz immer noch große Popularität, da die Grundannahmen der Theorie dem „Elitedenken" vieler Manager entsprechen. Auch ist offensichtlich, dass die Person des Führenden eine sehr wichtige Variable im Führungsprozess darstellt.

2.1.2 Theorie der charismatischen Führung

Unter den eigenschaftsorientierten Führungsansätzen wird die Theorie der charismatischen Führung meist zuerst genannt. Sie geht von der Annahme aus, dass die Ausstrahlung einer Führungskraft in hohem Maße das Verhalten der geführten Mitarbeiter beeinflusst. Für MAX WEBER [1976] ist **Charisma** einer der Auslöser für Autorität. Charismatische Führung kann zu außerordentlichen Motivation und zu überdurchschnittlichen Leistungen der Geführten führen. Voraussetzung dafür ist, dass die Führungsperson von den Mitarbeitern als charismatisch erlebt wird [vgl. Stock-Homburg 2013, S. 459].

Folgende Indikatoren der charismatischen Führung können festgestellt werden [vgl. House 1977, S. 206 ff.]:

- Aufseiten der Mitarbeiter: absolutes Vertrauen, Akzeptanz, Zuneigung, Folgsamkeit und Loyalität gegenüber der Führungskraft;
- Aufseiten der Führungskraft: ungewöhnlich ausgeprägte visionäre Kraft, starker Machtwille, Dominanz, Einflussstreben, hohes Selbstbewusstsein und Glaube an die eigenen Werte.

Allerdings sind mit der charismatischen Führung nicht nur Chancen, sondern auch Risiken verbunden. So unterbleibt häufig ein kritisches Hinterfragen der Vision und ihrer Implementation. Charismatische Persönlichkeiten sind in der Lage, fundamentale Veränderungen in Organisationen und Gesellschaften zu bewirken. Diese können zu außergewöhnlichen Erfolgen, aber auch zu Misserfolgen führen. Somit ist ein bewusster, reflektierender Umgang mit dem Phänomen *Charisma* erforderlich [vgl. Hauser 2000, S. 69].

Die Theorie der charismatischen Führung (und damit der Eigenschaftsansatz) hat in jüngster Zeit wieder an Bedeutung gewonnen („Neocharisma-Ansätze"); allerdings wird Charisma jetzt als stärker erlernbar angesehen [vgl. Schirmer/Woydt 2016, S. 205].

2.1.3 Theorie der transaktionalen/transformationalen Führung

Dieser Forschungsansatz, der ebenfalls zu den eigenschaftsorientierten Führungstheorien zählt, unterscheidet im Kern zwischen zwei Aspekten der Führung: der transaktionalen und der transformationalen Führung. Der transaktionale Ansatz wurde in den 1980er Jahren schrittweise durch Forschungsarbeiten auf transformationaler Basis insbesondere von Bernard Bass [1985] ergänzt [vgl. Stock-Homburg 2013, S. 463].

- Die Idee der **transaktionalen Führung** beruht auf zweiseitigen Nutzenkalkülen zwischen Führungsperson und Mitarbeitern. Führung wird dabei im Wesentlichen als Austauschprozess begriffen. Die Führungskraft hat ein spezifisches Bündel an Zielen, das sie für sich und das Unternehmen verfolgt. Die Aufgabe der Führungskraft besteht nun darin, den Mitarbeitern zu verdeutlichen, welche Leistungen von ihnen erwartet werden und welche Anreize diese im Gegenzug erhalten. Die transaktionale Führung erfolgt im Rahmen dieses Austauschprozesses nach dem Prinzip „Geben und Nehmen“ [vgl. Scholz 2011, S. 391 und 403].

- Die **transformationale Führung,** die eine starke Nähe zur Theorie der charismatischen Führung aufweist, zielt dagegen auf die Beeinflussung grundlegender Überzeugungen der Geführten ab. Durch charismatisches Verhalten, Inspiration, intellektuelle Stimulation und individuelle Wertschätzung wird der Mitarbeiter dazu gebracht, Dinge völlig neu zu sehen und zu tun, sein Anspruchsniveau und seine Einstellung zu verändern und sich ggf. für höhere Ziele einzusetzen. Die transformationale Führung trägt insbesondere bei Veränderungsprozessen dazu bei, Visionen in Unternehmen zu verankern und erfolgreich umzusetzen [vgl. Stock-Homburg 2013, S. 463 ff.].

Abb. 2.3 grenzt die transaktionale von der transformationalen Führung ab.

Der Austauschgedanke „Geld gegen Leistung“ aus der transaktionalen Führung führte letztlich zur transformationalen Führung, die aber durch Charisma, Inspiration, Wertschätzung und intellektuelle Stimulierung ein Mitreißen der Geführten zu höheren Leistungsebenen propagiert *(„full range of leadership“)* [vgl. Schirmer/Woydt 2016, S. 205].

Merkmal / Facette der Führung	Transaktionale Führung	Transformationale Führung
Koordinations-mechanismen der Führung	• Verträge • Belohnung • Bestrafung	• Begeisterung • Zusammengehörigkeit • Vertrauen • Kreativität
Ziel der Mitarbeitermotivation	Äußere Anreize (extrinsisch)	Die Aufgabe selbst (intrinsisch)
Fokus der Zielerreichung	Eher kurzfristig	Mittel- bis langfristig
Zielinhalte	Materielle Ziele	Ideelle Ziele
Rolle der Führungsperson	Instrukteur	• Lehrer • Coach

Abb. 2.3 Abgrenzung zwischen transaktionaler/transformationaler Mitarbeiterführung. (Quelle: Stock-Homburg 2013, S. 464)

2.1.4 DISG-Konzept

Auf Grundlage der Überlegungen von WILLIAM M. MARSTON [1928] entwickelte JOHN GEIER [1958] mit dem DISG®-Persönlichkeitsprofil ein Instrument, das sich im Personalmanagement und insbesondere bei der Führungskräftebewertung einer zunehmenden Beliebtheit erfreut [vgl. GAY 2006, S. 17 ff.].

Das DISG-Konzept zeigt persönlichkeitsbedingte Verhaltensweisen erfolgreicher Führungspersonen auf und zählt damit ebenfalls zu den eigenschaftsorientierten Führungstheorien. Dabei wird angenommen, dass die Verhaltenstendenzen einer Führungskraft durch seine Persönlichkeitsstruktur bestimmt werden. Die Persönlichkeitsstruktur (→ Persönlichkeitsprofil) wiederum hängt davon ab, welche Anteile eine Führungskraft an den vier Persönlichkeitsmerkmalen **D**ominanz, **I**nitiative, **S**tetigkeit und **G**ewissenhaftigkeit aufweist. Die Verhaltenstendenzen selbst werden festgemacht an den beiden Faktoren

- **Wahrnehmung des Umfeldes,** d. h. inwieweit eine Führungsperson die situativen Rahmenbedingungen als angenehm bzw. anstrengend (stressig) empfindet und
- **Reaktion auf das Umfeld,** d. h. inwieweit eine Führungskraft situative Herausforderungen eher bestimmt (aktiv) oder eher zurückhaltend (passiv) annehmen [vgl. GAY 2006, S. 18 f.].

Damit sind zugleich auch die **vier Quadranten** des DISG®-Konzeptes beschrieben (siehe Abb. 2.4).

Jedes der vier Persönlichkeitsmerkmale verfügt über Stärken und Schwächen in Bezug auf das Führungsverhalten [vgl. STOCK-HOMBURG 2013, S. 473 ff.]:

- Das Merkmal **Dominanz** zeichnet eine Führungsperson mit hoher Entschlossenheit, Zielorientierung und Aktivität aus. Andererseits haben solche Führungskräfte ein hohes Maß an Ungeduld und nur eine geringe Bereitschaft und Fähigkeit zum Zuhören.
- Eine hohe Ausprägung des Merkmals **Initiative** charakterisiert eine Führungskraft mit positiver Umfeldwahrnehmung, die ihre Mitarbeiter begeistert und sich für sie einsetzt. Auf der anderen Seite konzentrieren sich solche Führungskräfte ungern auf Fakten und Details.
- Führungskräfte mit einer hohen Ausprägung des Merkmals **Stetigkeit** haben ein hohes Sicherheitsbedürfnis, eine hohe Loyalität zum Unternehmen und eine ruhige und freundliche Ausstrahlung. Anderseits werden solche Führungspersonen ungern initiativ und haben nur eine geringe Konfliktbereitschaft.

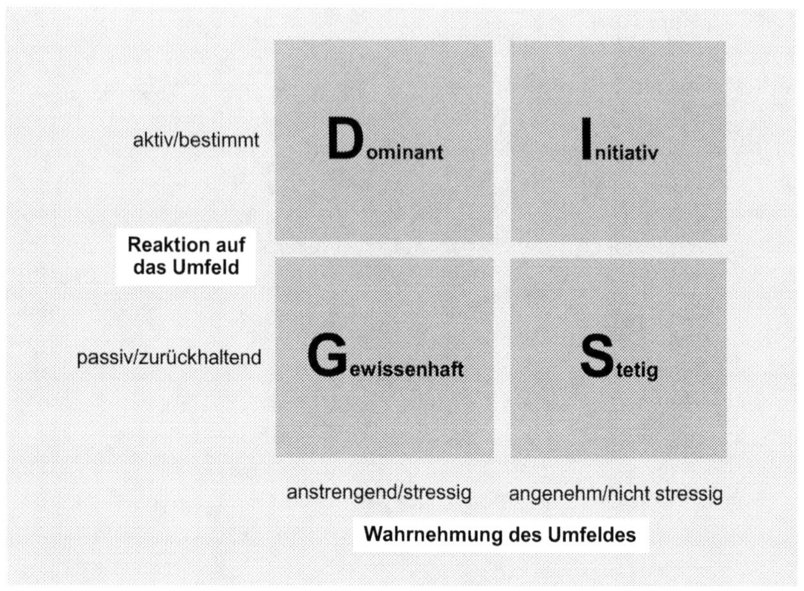

Abb. 2.4 Die vier Quadranten des DISG®-Konzeptes. (Quelle: Stock-Homburg 2013, S. 472)

- Das Merkmal **Gewissenhaftigkeit** charakterisiert Führungskräfte, die gründlich und ausdauernd sind sowie Daten mit hoher Präzision analysieren. Auf der anderen Seite haben solche Führungspersonen nur eine begrenzte Fähigkeit zur Improvisation und eine geringe Umsetzungsgeschwindigkeit aufgrund der Neigung zum Perfektionismus.

Die Anwendung des DISG®-Konzepts als Testverfahren im Rahmen der Führungskräftebewertung erfolgt in der Regel durch Selbsteinschätzung der betroffenen Führungsperson. Dabei wird diese gebeten, sich selbst in einer vorgegebenen Situation anhand einer Reihe von kurzen Aussagen einzuschätzen. Anschließend werden die Aussagen anhand eines Lösungsschemas ausgewertet, wobei jede Aussage einem Buchstaben (D, I, S bzw. G) zugeordnet wird.

Stock-Homburg [2013, S. 482] betont zwar, dass das primär in der Unternehmenspraxis angewendete DISG® Persönlichkeits-Profil auf empirischer Basis mehrfach auf Validität und Reliabilität überprüft und die grundlegenden Dimensionen des Profils bestätigt wurden. Auf der anderen Seite werden Bedenken dahin gehend geäußert, dass das äußerst komplexe Phänomen „Persönlichkeit" auf vier Dimensionen reduziert und somit das Denken in „Schubladen" gefördert wird [vgl. MYERS 2010, S. 554 ff.].

2.2 Verhaltensorientierte Führungsansätze

Verhaltensorientierte Führungsansätze werden auch als **Führungsstilkonzepte** bezeichnet. Führungsstile als regelmäßig wiederkehrende Muster des Führungsverhaltens können häufig nur anhand mehrerer Merkmale beschrieben werden. Zu diesen Beschreibungsmerkmalen zählen die von einer Führungskraft wahrgenommene Bedeutung der Zielerreichung, die Art der Willensbildung, die Beziehungen in der Gruppe der Geführten, die Form der Kontrolle, die Art der Sanktionierung und die Einstellung und Fürsorge einer Führungsperson gegenüber den Mitarbeitern. Die Führungsstilforschung versucht nun, dass hierin begründete Komplexitätsproblem durch die Bildung von Führungsstiltypen zu vereinfachen [vgl. MACHARZINA/WOLF 2010, S. 580 unter Bezugnahme auf BAUMGARTEN 1977, S. 27].

Unter den verschiedenen Führungsstilkonzepten sollen hier

- das autoritäre vs. kooperative Führungsstil-Konzept,
- der Ohio-State-Leadership-Quadrant und
- das Verhaltensgitter-Modell

vorgestellt werden.

2.2.1 Führungsstilkontinuum

Das Führungsstilkontinuum von ROBERT TANNENBAUM und WARREN SCHMIDT [1958] ist der Klassiker unter den verhaltensorientierten Forschungsansätzen. Autoritärer und kooperativer Führungsstil werden als Extrempunkte eines eindimensionalen Kontinuums betrachtet (siehe Abb. 2.5):

- Das **autoritäre Verhalten** ist dadurch gekennzeichnet, dass die Führungskraft den Mitarbeitern die Aufgaben zuweist, dass sie die Art der Aufgabenerfüllung vorschreibt und dass sie den Mitarbeitern keine persönliche Wertschätzung entgegenbringt [vgl. STEINMANN/SCHREYÖGG 2005, S. 653].

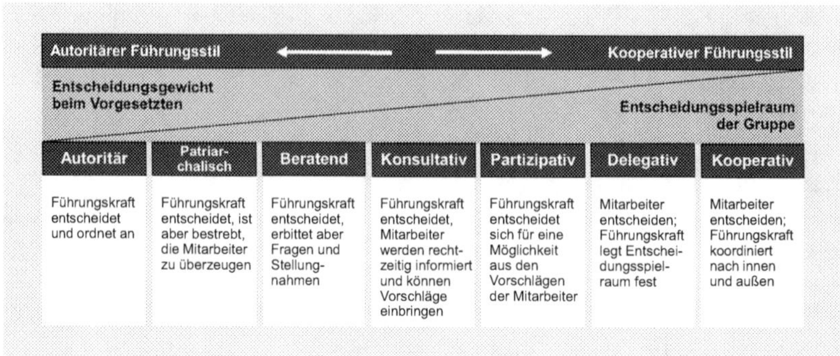

Abb. 2.5 Eindimensionale Klassifikation von Führungsstilen. (Quelle: Tannenbaum/Schmidt 1958, S. 9)

- Das **kooperative Verhalten** der Führungskraft dagegen gestattet den Mitarbeitern, ihre Arbeitsaufgaben selbst zu verteilen sowie Aufgabe und Zielsetzung in der Gruppe zu diskutieren. Die Führungskraft bringt allen Mitgliedern der Gruppe eine hohe Wertschätzung entgegen und sich selbst aktiv in das Gruppenleben ein [vgl. Steinmann/Schreyögg 2005, S. 653].

Nach Auffassung von Tannenbaum/Schmidt ist grundsätzlich keiner der sieben Führungsstile zu bevorzugen. Je nach Konstellation der Führungssituation ist ein unterschiedlicher Führungsstil erforderlich. Um erfolgreich zu führen, muss die Führungskraft die verschiedenen Einflussfaktoren richtig einschätzen und in der Lage sein, sein Führungsverhalten den jeweiligen Gegebenheiten anzupassen. Wesentlicher Kritikpunkt an diesem Modell ist, dass nur ein Verhaltensmerkmal der Führung, nämlich die Entscheidungspartizipation, berücksichtigt wird [vgl. Jung 2006, S. 424].

2.2.2 Ohio-State-Leadership-Quadrant

Die Erkenntnisse der Ohio-Studien sind in hohem Maße prägend für die Führungsstilforschung. Das Forscherteam der Ohio-State-University um Andrew Halpin und Ben Winer [1957] identifizierte zwei unabhängige *Grunddimensionen* des Führungsverhaltens:

- Leistungs- bzw. Aufgabenorientierung (engl. *Initiating Structure*) und
- Mitarbeiter- bzw. Beziehungsorientierung (engl. *Consideration*).

Der wesentliche Unterschied zu den traditionellen Führungsstiltheorien liegt in einer Abkehr von der Annahme des eindimensionalen Führungsstilkontinuums. Leistungs- bzw. Aufgabenorientierung und Mitarbeiter- bzw. Beziehungsorientierung werden nicht mehr als sich gegenseitig ausschließend betrachtet, sondern als zwei unabhängige Faktoren, die kombinierbar sind und gemeinsam zur Beschreibung von Führungsverhalten dienen. Eine Führungsperson kann demnach gleichzeitig eine hohe Beziehungsorientierung und eine hohe Aufgabenorientierung aufweisen [vgl. HUNGENBERG/WULF 2011, S. 369].

- Die Verhaltensdimension **Leistungs- bzw. Aufgabenorientierung** bezieht sich auf die *sachliche* Ebene der Führung. Sie kennzeichnet beispielsweise das Setzen und Kommunizieren klarer Ziele, die Definition und Abgrenzung von Kompetenzen, die sorgfältige Planung der wichtigsten Aufgaben, Ergebniskontrollen oder das Setzen von externen Leistungsanreizen.
- Die Verhaltensdimension **Mitarbeiter- bzw. Beziehungsorientierung** betont dagegen die *zwischenmenschliche* Beziehung. Sie charakterisiert den persönlichen Respekt, die Wertschätzung gegenüber dem Mitarbeiter und die Rücksichtnahme auf die Belange der Mitarbeiter.

Legt man die beiden Dimensionen des Führungsverhaltens zugrunde, so lassen sich in Form des Ohio-State-Quadranten vier grundlegende Führungsstile identifizieren (siehe Abb. 2.6).

2.2.3 Verhaltensgitter-Modell

Das Verhaltensgitter-Modell (auch als *Managerial Grid* bezeichnet), das 1960 von ROBERT BLAKE und JANE MOUTON im Rahmen eines Führungstrainings für EXXON entwickelt wurde, baut unmittelbar auf den Erkenntnissen der Ohio-Studien auf. Es arbeitet ebenfalls mit den beiden Dimensionen **Aufgabenorientierung** und **Beziehungsorientierung,** wobei diese mit ihren unterschiedlichen Ausprägungen in einem **Verhaltensgitter** auf zwei Achsen erfasst werden. Die eine Achse beschreibt das Bemühen um den Mitarbeiter (Mitarbeiterorientierung als sozio-emotionale Orientierung), die andere Achse zeigt das Interesse an der Aufgabe auf (Aufgabenorientierung als sach-rationale Orientierung).

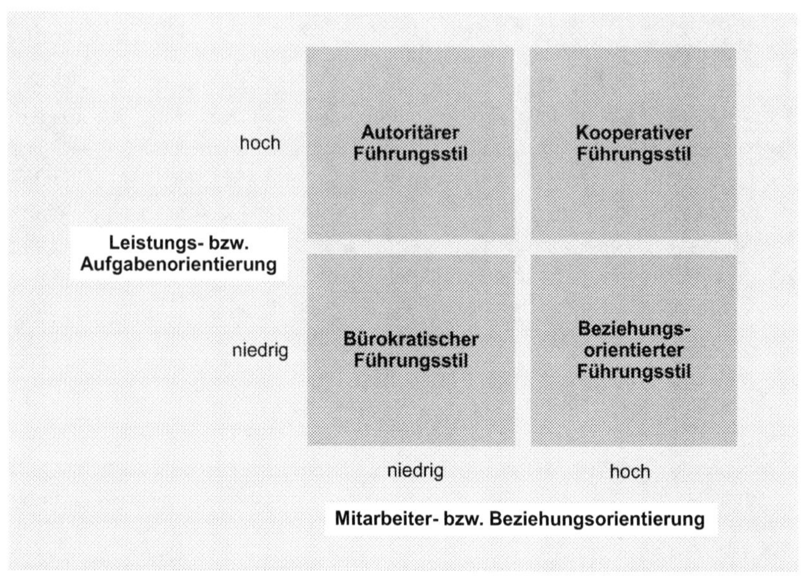

Abb. 2.6 Führungsstile des Ohio-State-Quadranten. (Eigene Darstellung)

Der prinzipielle Unterschied zum Ohio-Modell besteht darin, dass Blake und Mouton die beiden Dimensionen nicht in zwei, sondern in neun Stufen einteilen. Somit lassen sich theoretisch 81 verschiedenen Führungsstile abbilden. Blake und Mouton konzentrieren sich jedoch auf fünf zentrale Führungsstile: 1.1, 1.9, 5.5, 9.1 und 9.9 [vgl. Blake/Mouton 1964, S. 14 ff.].

Abb. 2.7 zeigt eine vereinfachte Darstellung dieses Verhaltensgitters.

Blake und Mouton bewerten den Führungsstil 9.1 als nicht sinnvoll, den Führungsstil 5.5 als unpraktisch, den Führungsstil 1.9 als idealistisch und den Führungsstil 1.1 als unmöglich. Erstrebenswert ist ihrer Ansicht nach ausschließlich der Führungsstil 9.9. Die Vorteilhaftigkeit dieses Führungsstils konnte allerdings empirisch nicht nachgewiesen werden.

Wenn auch das Verhaltensgitter auf anschauliche Weise das breite Spektrum von möglichen Führungsverhaltensweisen darstellt, so ist doch die Frage zu stellen, ob der Führungsstil 9,9 überhaupt praktizierbar ist. So lässt sich eher die These vertreten, dass erfolgreiche Personalführung durch einen Führungsstil gekennzeichnet ist, der rechts der Diagonale zwischen den Führungsstilen 1.9 und 9.1 liegt. Ebenso ist grundsätzlich zu fragen, ob zweidimensionale Erklärungsansätze überhaupt in der Lage sind, die Komplexität von Führungsprozessen

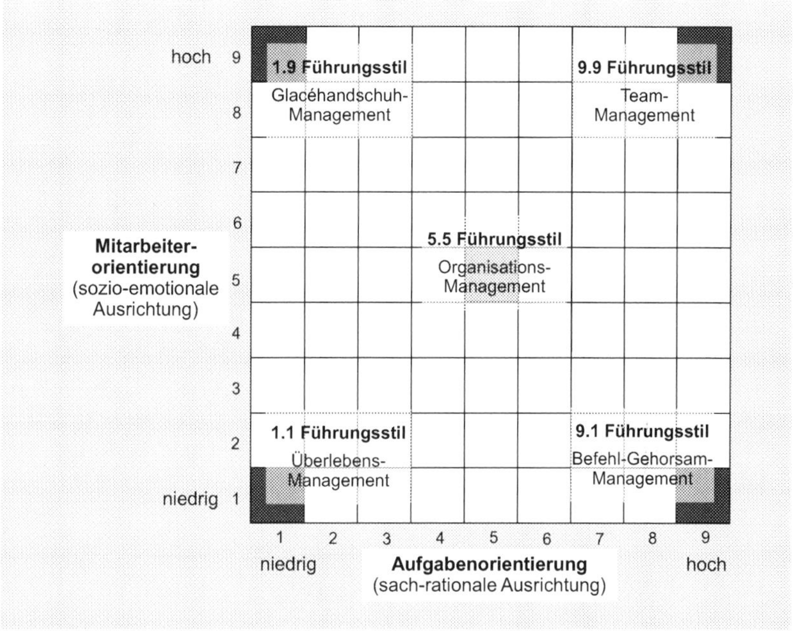

hoch 9
8
7
6
5
4
3
2
niedrig 1

Mitarbeiterorientierung (sozio-emotionale Ausrichtung)

1.9 Führungsstil Glacéhandschuh-Management

9.9 Führungsstil Team-Management

5.5 Führungsstil Organisations-Management

1.1 Führungsstil Überlebens-Management

9.1 Führungsstil Befehl-Gehorsam-Management

1 2 3 4 5 6 7 8 9

niedrig **Aufgabenorientierung** (sach-rationale Ausrichtung) hoch

Abb. 2.7 Das Verhaltensgitter (GRID-System). (Quelle: BLAKE/MOUTON 1972, S. 14)

abzubilden, ohne die situativen Rahmenbedingungen, also die Abhängigkeit von bestimmten Führungssituationen zu berücksichtigen [vgl. STEINMANN/SCHREYÖGG 2005, S. 662 f.; HUNGENBERG/WULFF 2011, S. 371].

2.3 Situative Führungsansätze

Die Situationstheorie der Personalführung geht davon aus, dass die Vorteilhaftigkeit des Führungsverhaltens von den jeweiligen situativen Umständen abhängt. Daher – so die Situationstheorie – setzt eine erfolgreiche Personalführung auch immer eine Analyse des Handlungskontexts voraus. Die verschiedenen situativen Ansätze unterscheiden sich nun im Wesentlichen dadurch, welche Faktoren („Situationsvariablen") bei der Gestaltung des Führungsverhaltens zu berücksichtigen sind [vgl. MACHARZINA/WOLF 2010, S. 578 f.].

Folgende Ansätze sollen hier kurz vorgestellt werden:

- die Kontingenztheorie,
- die Weg-Ziel-Theorie,
- der Entscheidungsbaum,
- das Drei-D-Modell und
- das situative Reifegradmodell.

2.3.1 Kontingenztheorie

Der erste umfassende situative Führungsansatz wurde von FRED F. FIEDLER [1967] als sogenannte **Kontingenztheorie der Führung** vorgelegt. Als Grundannahme der Kontingenztheorie gilt, dass der Führungserfolg vom Zusammenspiel des Führungsverhaltens und der Führungssituation abhängt. Im Kern geht es FIEDLER darum, einen optimalen Fit zwischen der Führungsperson und ihrer individuellen Führungssituation zu finden, um eine hohe Leistung der geführten Gruppe sicherzustellen. Die Kontingenztheorie stellt folgende drei Kernvariablen in den Mittelpunkt [vgl. STEINMANN/SCHREYÖGG 2005, S. 667 ff.]:

- Führungsstil,
- Führungserfolg und
- Führungssituation.

Zur Messung des **Führungsstils** unterscheidet FIEDLER zwischen einem aufgabenbezogenen und einem personenbezogenen Führungsstil. Er nutzt dabei den von ihm entwickelten LPC-Wert *(LPC=Least Preffered Coworker),* der mithilfe eines Fragebogens ermittelt wird. Der Fragebogen, der von den Führungskräften ausgefüllt wird, enthält 16 bipolare Paare von Adjektiven (z. B. das Gegensatzpaar „freundlich – unfreundlich"). Der LPC-Wert ergibt sich dann aus der Summe der Einzelbewertungen. Ein hoher LPC-Wert besagt, dass die betreffende Führungskraft den am wenigsten geschätzten Mitarbeiter noch relativ wohlwollend beurteilt. Eine solch positive Beurteilung gilt als Indikator für einen personenbezogenen Führungsstil. Ein niedriger LPC-Wert, also eine durchgehend negative Bewertung des am wenigsten geschätzten Mitarbeiters, wird als aufgabenorientierter Führungsstil gewertet.

Untersucht man die beiden mittels LPC-Wert gemessenen Führungsstile auf ihre Erfolgsrelevanz, so ergibt sich nach FIEDLER als zweite Kernvariable der **Führungserfolg.** Als Führungserfolg wird die Effektivität der Führung in Bezug auf die Leistungen bzw. Produktivität der geführten Mitarbeiter und deren Zufriedenheit angesehen.

Zur Operationalisierung der **Führungssituation** führt FIEDLER das Konstrukt *„situationale Günstigkeit"* mit folgenden drei Variablen an:

- **Positionsmacht** (mit den beiden Ausprägungen „stark" und „schwach"), d. h. inwieweit die Führungskraft aufgrund ihrer hierarchischen Position im Unternehmen in der Lage ist, die von ihm geführten Mitarbeiter zu beeinflussen;
- **Aufgabenstruktur** (mit den beiden Ausprägungen „hoch" und „niedrig"), d. h. je höher der Strukturierungsgrad der Aufgabe ist, umso leichter und einfacher lassen sich die Aktivitäten der geführten Mitarbeiter koordinieren und kontrollieren;
- **Beziehung zwischen Führungskraft und geführten Mitarbeitern** (mit den beiden Ausprägungen „gut" und „schlecht"), d. h. je besser das Verhältnis zwischen der Führungsperson und seinen Mitarbeitern auf zwischenmenschlicher Ebene ist, desto leichter ist tendenziell die Führungssituation.

Da alle drei Variablen jeweils zwei Ausprägungen besitzen, ergeben sich aus deren Kombination insgesamt acht mögliche Führungssituationen. Die so ermittelten Führungssituationen lassen sich nun danach systematisieren, inwieweit sie die Aktivitäten einer Führungskraft begünstigen. FIEDLER selbst bezeichnet seinen Ansatz als *„Kontingenztheorie der Führungseffektivität"*, weil er die Effekte verschiedener Führungsstile abhängig *(=kontingent)* von den drei situativen Variablen macht [vgl. NEUBERGER 2002, S. 498].

Der wesentliche Unterschied zu den Annahmen des Ohio-Modells (und damit auch des Verhaltensgitter-Modells) liegt darin, dass in verschiedenen Führungssituationen durchaus unterschiedliche Führungsstile geeignet sind. So sind nach den Annahmen von FIEDLER Führungspersonen in besonders günstigen oder in besonders ungünstigen Situationen mit einem leistungsorientierten Führungsstil erfolgreicher als mit einem mitarbeiterbezogenem Führungsstil. Dagegen erweist sich der mitarbeiterorientierte Führungsstil in Situationen mit mittlerer Günstigkeit als besonders geeignet [vgl. STOCK-HOMBURG 2013, S. 495].

Diese „intuitive Plausibilität" von FIEDLERS Ergebnissen konnte allerdings empirisch nicht bestätigt werden. Neben den Messproblemen werden als weitere Schwächen genannt: der sehr einseitige und eindimensionale LPC-Wert, die selektive (und damit unvollständige) Auswahl der Situationsvariablen und die mangelnde Berücksichtigung des Einflusses des Führungsstils auf die Führungssituation [vgl. HUNGENBERG/WULFF 2011, S. 376 f.].

Gleichwohl kommt FIEDLER das Verdienst zu, eine Grundlage für alle weiteren situativen Führungstheorien gelegt zu haben.

2.3.2 Weg-Ziel-Theorie

Die Weg-Ziel-Theorie (engl. *Path-Goal-Theory*), die ebenfalls den situativen Führungsansätzen zuzurechnen ist, geht auf ROBERT J. HOUSE [1971] zurück. Die Bezeichnung „Weg-Ziel" meint, dass effektive Führungskräfte durch ihr Führungsverhalten in der Lage sind, den Mitarbeitern bei der Erfüllung ihrer Ziele als Wegbereiter zu dienen und Hindernisse aus dem Weg zu räumen. Dabei geht HOUSE im Gegensatz zu FIEDLER davon aus, dass Führungskräfte je nach Situation ihr Führungsverhalten entsprechend anpassen. Der Einfluss des Führungsverhaltens auf den Führungserfolg wird als mehrstufige Wirkungskette betrachtet. Dabei werden zunächst vier Ausprägungen des Führungsverhaltens unterschieden [vgl. HUNGENBERG/WULFF 2011, S. 381 f.]:

- Unterstützende Führung (engl. *Supportive Leadership*)
- Direktive Führung (engl. *Directive Leadership*)
- Partizipative Führung (engl. *Participative Leadership*)
- Ergebnisorientierte Führung (engl. *Achievement-oriented Leadership*).

Das Führungsverhalten mit seinen vier Ausprägungen stellt die unabhängige Variable dar. Der Führungserfolg (also die Leistungen und die Zufriedenheit der Mitarbeiter) als Zielgröße der Weg-Ziel-Theorie ist die abhängige Variable. Der Zusammenhang zwischen Führungsverhalten und Führungserfolg wird zusätzlich durch die Erwartungen und die Valenzen (d. h. Wertigkeit der Zielerfüllung) der geführten Mitarbeiter bestimmt.

Für HOUSE ist es nun bedeutsam, dass die Führungskraft ihr Verhalten auf die jeweilige Führungssituation, in der geführt wird, ausrichtet. Solche Führungssituationen können in der Weg-Ziel-Theorie durch Merkmale der Umwelt, Merkmale der Geführten und Merkmale der Aufgabe selbst beeinflusst werden. Konkrete Ausprägungen dieser situativen Variablen können sein [vgl. STOCK/HOMBURG 2008, S. 420 f.]:

- Mangelndes Selbstvertrauen der Mitarbeiter
- Geringe Eindeutigkeit der Aufgaben
- Geringer Grad der Herausforderung durch die Aufgabe
- Ungerechte Belohnungen.

Für jede dieser Situationen gibt HOUSE Empfehlungen für die optimale Führung. So empfiehlt er bspw. bei einer geringen Eindeutigkeit der Aufgabe die direktive

Führung, bei der die Erwartungen klar definiert und die Zuständigkeiten eindeutig geregelt werden. Erfolgreiche Führung im Sinne der Weg-Ziel-Theorie setzt also voraus, dass Führungskräfte die Situation und die Rahmenbedingungen analysieren, um das richtige Führungsverhalten danach auszurichten [vgl. STOCK/HOMBURG 2008, S. 420 ff.].

Empirische Untersuchungen konnten nachweisen, dass die partizipative Führung bei komplexen Aufgabenstellungen besonders sinnvoll ist. Darüber hinaus wurden in diesen Untersuchungen die unterstützende und die ergebnisorientierte Führung als universell, d. h. kulturunabhängig einsetzbar identifiziert. Dagegen hängt der Führungserfolg der direktiven und der partizipativen von der jeweiligen Länderkultur ab [vgl. SAGIE/KOSLOWSKI 1994; SCHRIESHEIM et al. 2006; WOFFORD/LISKA 1993].

2.3.3 Entscheidungsbaum

Zu den situativen Führungsansätzen zählt auch der 1973 von VICTOR H. VROOM und PHILIP W. YETTON vorgelegte Entscheidungsbaum. Er unterscheidet sich von den meisten anderen theoretischen Ansätzen durch einen stärkeren Anwendungsbezug, da er sich die Schlüsselaktivität einer Führungskraft – nämlich das Entscheidungsverhalten zum Ausgangspunkt nimmt.

Im Kern werden dabei fünf praxisrelevanten Situationsprofilen fünf entsprechende Führungsstile zugeordnet. Das Ergebnis des Ansatzes ist eine Entscheidungslogik, mit deren Hilfe die Führungsperson die gegebene Führungssituation strukturieren und auf dieser Basis den geeigneten Führungsstil bestimmen kann.

Mit Hilfe von sieben Filterfragen, die in den Entscheidungsbaum eingearbeitet werden, kann die Führungsperson ein Profil seiner Entscheidungssituation erstellen.

Den praxisrelevanten Situationsprofilen werden sodann fünf Führungsstile zugeordnet.

Da sich die fünf Führungsstile nur durch das Maß der Mitarbeiterpartizipation an den Entscheidungen unterscheiden, ist der Entscheidungsbaum von VROOM/YETTON den eindimensionalen Führungstheorien zuzuordnen. Neben der Eindimensionalität des Führungsstils wird auch die „mechanistische" Anlage und der damit verbundene ständige Wechsel zwischen den Führungsstilformen kritisiert [vgl. JUNG 2006, S. 440 f.].

2.3.4 Drei-D-Modell

Das sogenannte Drei-D-Modell wurde von William Reddin [1981] entwickelt und ist ebenfalls den situativen Führungsansätzen zuzuordnen. Das Modell geht von den Dimensionen *Aufgabenorientierung* und *Beziehungsorientierung* und den daraus in der Ohio-Studie abgeleiteten vier Grundführungsstilen aus: Verfahrens-, Beziehungs-, Integrations- und Aufgabenstil. Reddin ist der Ansicht, dass alle vier Grundstile je nach Situation effizient und erfolgreich sein können. Führungserfolg ist vor allem dann zu erwarten, wenn Führungssituation und Führungsverhalten übereinstimmen. Es ist also die Aufgabe der Führungsperson, zunächst die konkrete Führungssituation zu analysieren und daraufhin den geeigneten Führungsstil zu wählen. Um diese Überlegung deutlich zu machen, führt Reddin eine dritte Dimension, die **Effektivität** ein.

Dementsprechend bekommen die vier Grundstile jeweils zwei zusätzliche Ausprägungen – eine mit niedriger und eine mit hoher Effektivität [vgl. Scholz 2011, S. 401 f.]:

- Der **Verfahrensstil** ist durch Regeln, Vorschriften, Methoden und Verfahren gekennzeichnet und bevorzugt stabile Umweltbedingungen. Unter solchen Bedingungen praktiziert der *Bürokrat* (bzw. *Verwalter*) durchaus einen sinnvollen Führungsstil, weil er für einen reibungslosen Ablauf aller Prozesse entlang der fixierten Spielregeln sorgt. In dynamischen Umweltsituationen dagegen beharrt er auf Regeln und Vorschriften und behindert andere. Reddin bezeichnet daher eine Führungskraft, die in einer solchen Situation den Verfahrensstil anwendet, als *Kneifer*.
- Der **Beziehungsstil** betont die guten Beziehungen zwischen der Führungskraft und seinen Mitarbeitern. In der Ausprägung als *Förderer* motiviert die Führungsperson ihre Mitarbeiter und sorgt für eine vertrauensvolle Atmosphäre. In der Ausprägung als *Gefälligkeitsapostel* geht sie allen Konflikten aus dem Wege und vernachlässigt die Zielerreichung.
- Beim **Aufgabenstil** stehen Leistung und das erreichte Ergebnis im Vordergrund. In der Ausprägung als *Macher* führt die Führungskraft ihre Mitarbeiter durch Erfahrung, Wissen und Initiative. Als *Autokrat* beharrt sie dagegen auf ihre Amtsautorität und überfordert die Mitarbeiter mit allzu ehrgeizigen Zielvorstellungen.
- Der **Integrationsstil** strebt nach einem ausgewogenen Verhältnis der Beziehungs- und der Aufgabenkomponente. In der Ausprägung als *Integrierer* entscheidet und führt die Führungskraft kooperativ, motiviert und fördert

ihre Mitarbeiter zielorientiert. Als *Kompromissler* dagegen möchte es die Führungsperson allen recht machen, sodass die Bearbeitungszeit steigt und die Mitarbeitermotivation sinkt.

Das Drei-D-Modell von REDDIN verlangt von den Führungskräften, alle vier Führungsstile je nach gegebener Situation anzuwenden. Diese hohe Führungsstilflexibilität setzt ein gezieltes Training voraus.

2.3.5 Situatives Reifegradmodell

Das situative Führungskonzept von HERSEY und BLANCHARD [1981] nimmt die Auswahl des geeigneten Führungsstils in Abhängigkeit vom aufgabenrelevanten Reifegrad des Mitarbeiters vor. Ausgangspunkt des Modells sind die zwei Dimensionen *Beziehungsorientierung* und *Aufgabenorientierung*, die mit dem aufgabenrelevanten *Reifegrad* des Mitarbeiters als dritte Dimension verknüpft werden. Daraus ergeben sich vier Führungsstile [vgl. STOCK-HOMBURG 2013, S. 501]:

- **Autoritärer (unterweisender) Führungsstil** *(„telling“)*. Dieser Führungsstil zeichnet sich durch eine hohe Aufgaben- und niedrige Beziehungsorientierung aus. Der aufgabenrelevante Reifegrad des Mitarbeiters ist gering bis niedrig. Die Führungskraft gibt dem Mitarbeiter eindeutig vor, welche Tätigkeiten dieser entsprechend auszuführen hat.
- **Integrierender (verkaufender) Führungsstil** *(„selling“)*. Hohe Aufgaben- und hohe Beziehungsorientierung kennzeichnen diesen Führungsstil. Der aufgabenrelevante Reifegrad des Mitarbeiters ist ebenfalls gering bis niedrig. Die Führungsperson berücksichtigt bei der Entscheidungsfindung zwar die Meinung des Mitarbeiters, behält sich aber die letzte Entscheidung vor.
- **Partizipativer Führungsstil** *(„participating“)*. Dieser Stil verbindet hohe Beziehungsorientierung mit niedriger Aufgabenorientierung. Der aufgabenrelevante Reifegrad des Mitarbeiters in diesem Bereich ist mittel bis hoch. Der Mitarbeiter spielt bei der Entscheidungsfindung und -durchsetzung eine aktive Rolle.
- **Delegationsstil** *(„delegating“)*. Der delegierende Stil ist gekennzeichnet durch eine niedrige Aufgaben- und Beziehungsorientierung, wobei der aufgabenrelevante Reifegrad in diesem Segment als mittel bis hoch anzusetzen ist. Die Führungskraft überträgt dem Mitarbeiter die Entscheidungsbefugnis und die Verantwortung für die Durchführung.

Die Grundannahme dieses Modells ist, dass mit zunehmendem aufgabenrelevantem Reifegrad des Mitarbeiters der aufgabenorientierte Führungsbedarf abnimmt. So muss beispielsweise einem Mitarbeiter mit hoher Motivation aber mit mäßigen bis geringen aufgabenorientierten Kenntnissen die Aufgabe eher „verkauft", bei geringer Motivation eher angewiesen werden. Für die Führung von hoch motivierten Nachwuchskräften (High Potentials) eignen sich besonders der partizipative und der integrierende Führungsstil. Zur optimalen Führung muss der Vorgesetzte demnach in allen vier Führungsstilen kompetent sein [vgl. JUNG 2006, S. 433 f.].

Hier setzt auch die **Kritik** an diesem Modell an. Zum einen werden die extrem hohen Anforderungen an die Stilflexibilität der Führungskraft als Überforderung angesehen, zum anderen wird bemängelt, dass andere situationsrelevante Faktoren vernachlässigt werden. Positiv wird herausgestellt, dass die Fähigkeiten und Kenntnisse der Mitarbeiter, die in anderen Modellen kaum oder gar nicht einbezogen werden, im Ansatz von HERSEY/BLANCHARD zur Geltung kommen [vgl. JUNG 2006, S. 434].

Abb. 2.8 veranschaulicht die vier situativen Führungsstile mit ihren Dimensionen.

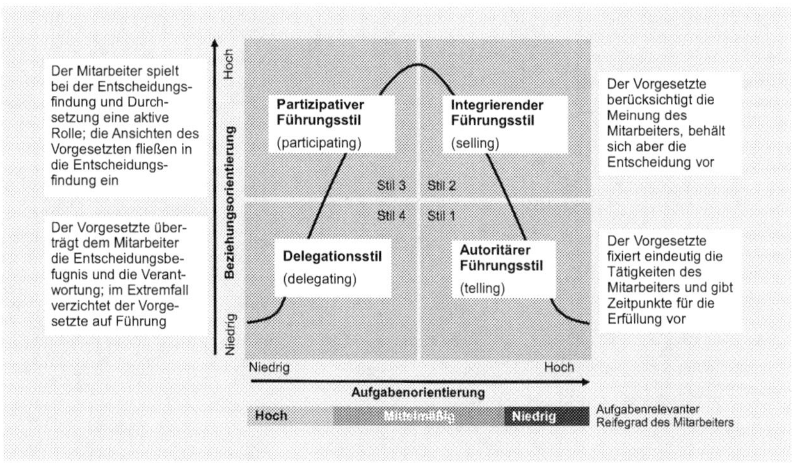

Abb. 2.8 Das situative Führungskonzept von HERSEY/BLANCHARD. (Quelle: HERSEY/BLANCHARD 1981, S. 42)

3 Neue Führungsansätze und -konzepte

Nicht nur die Vielzahl von jährlich erscheinenden Führungsratgebern, sondern auch die Sichtung aktueller Trainingskonzepte macht deutlich, dass das Thema Personalführung und neue Führungskonzepte eine Blütezeit erlebt. Doch wie lässt sich die Flut neuer Führungstheorien und -konzepte erklären? Welches sind Ursachen und gesellschaftliche Kontexte ihrer Entstehung? Welche inhaltlichen Gemeinsamkeiten und welche Unterschiede lassen sich bei den neuen, teilweise sehr modisch klingenden Führungsansätzen ausmachen? Und vor allem: Welchen Nutzen bringen die neuen Konzepte? [vgl. im Folgenden auch Lang/Rybnikova 2014, S. 16 ff.].

3.1 Einflussfaktoren neuer Führung

Um die Wurzeln der Vielzahl neuer Führungsansätze und -konzepte erklären zu können, müssen zunächst die verschiedenen Faktoren, die heutzutage auf Führung wirken und diese beeinflussen, aufgezeigt werden.

Führungskräfte müssen über verschiedene Standorte hinweg mit einer zunehmend heterogenen Gruppe von Mitarbeitern kommunizieren und klarkommen. Und gleichzeitig muss Führung die Generationen- und Kulturunterschiede im Umgang mit den Technologien berücksichtigen. Damit sind die wichtigsten Cluster an Einflussfaktoren genannt, die auf heutige Führung einwirken und die im Wesentlichen die inhaltliche Thematik neuer Führungsansätze bestimmen:

- Digitalisierung und technologische Wandel
- Medien-Mix und Kommunikation über Distanzen
- Generationenwechsel und hybride Arbeitskulturen.

D. Lippold, *Führungskultur im Wandel*, essentials,
https://doi.org/10.1007/978-3-658-25855-9_3

3.1.1 Digitalisierung und technologischer Wandel

Die Digitalisierung – basierend auf dem Internet als Querschnittstechnologie – verändert unsere wirtschaftlichen und sozialen Lebensbereiche zunehmend. Die zugehörige digitale Transformation von Informations-, Kommunikations- und Transaktionsprozessen hat für alle Unternehmen zu neuen Aktionsfeldern mit ungeahnten Chancen geführt. Die technischen Fortschritte als Ursache der Transformation finden auf mindestens vier Gebieten statt: Internet der Dinge, Roboter, künstliche Intelligenz (KI) und 3D-Druck. Hinzu kommen im Hintergrund noch Big Data und Cloud Computing. Die erfolgreiche Bearbeitung dieser Aktionsfelder erfordert allerdings ein neues Verständnis über die Funktionsweise von digitalen Märkten und deren handelnden Akteuren. Damit stehen Unternehmen vor Veränderungen, die alle Branchen betrifft. Auch vor Veränderungen in der Führung [vgl. Kollmann/Schmidt 2016, S. V].

Digitalisierung verspricht Unternehmen Effizienz, Weiterentwicklung und Wettbewerbsvorteile in angestammten und in neuen Märkten. Dazu müssen in den Betrieben die gesamte Wertschöpfungskette überarbeitet werden. Das beginnt bei der Beobachtung des Marktes und der Ermittlung der Kundenbedürfnisse. Das Erfassen von Kundendaten bildet die Grundlage für ein personalisiertes Marketing. Die Kommunikation mit potenziellen Käufern muss sehr früh beginnen. Eine Webseite mit der Darstellung des Unternehmens ist heute nicht mehr ausreichend. Digitale Informationen müssen gesammelt, verarbeitet und in marktfähige Angebote übertragen werden. Hier sind die Führungskräfte gefragt, die diesen Prozess anstoßen, steuern und überwachen müssen.

▶ **Mit anderen Worten** Digitale Transformation wird ohne die richtige Führung nicht funktionieren.

Die digitale Transformation und der technologische Fortschritt verändern aber nicht nur Produkte und Wertschöpfungsprozesse, sondern in zunehmendem Maße auch unsere Arbeitswelt. Arbeitsabläufe werden schneller und transparenter, Qualität somit steuerbar. In jedem Unternehmen sind die Auswirkungen dieser Veränderungen anders, teils abhängig von der Größe, teils abhängig von der Marktstellung. Doch welchen Einfluss nimmt die Digitalisierung auf die Führung im Unternehmen? Gibt es Veränderungen in der Art, wie Unternehmen geführt, wie Entscheidungen getroffen werden? Bereits heute wird auf der Führungsetage von Unternehmen, die in der digitalen Welt gegründet wurden, anders agiert als bei traditionellen Unternehmen. Manager mit digitalem Know-how nutzen digitale Technologien zur Unterstützung der Entscheidungsfindung. Ihnen steht eine neue Qualität an Informationen zur Verfügung. Hier greift die Digitalisierung bereits auf kultureller Ebene in den Arbeitsalltag ein. Daher kann das alte Führungsmuster „Führung durch wenige Führungskräfte – Ausführung durch viele Mitarbeiter" nicht mehr funktionieren. Mitarbeiter sollten früh in die Planungs- und Entscheidungsprozesse eingebunden werden und Handlungsspielraum bekommen. Die Orientierung an datenbasierten Entscheidungen führt aber auch zu einer Beschneidung der Entscheidungsfreiheit in der Unternehmensführung. Nicht mehr alleine die Meinung des „Chefs" ist maßgebend, sondern durch die breite Integration von Daten auch die Fachkompetenz der einzelnen Mitarbeiter. Am Ende gilt auch aus Sicht der sich wandelnden Führungsmechanismen in digitalisierten Unternehmen, dass Erfolg direkt mit der Fachkompetenz der eigenen Mitarbeiter zusammenhängt. Nur wer wettbewerbsfähige Mitarbeiter hat, ist auch als Unternehmen wettbewerbsfähig. Die Digitalisierung beeinflusst somit die Art und Weise zukünftiger Führung.

> **Mit anderen Worten** Die richtige Führung funktioniert in modernen Unternehmen nicht ohne digitale Transformation [vgl. Lippold 2017, S. 4 f.].

Neben den Fähigkeiten Mitarbeiter zu binden und zu entwickeln sowie den Fähigkeiten, Talente zu entdecken und zu führen, kommt es für Führungskräfte darauf an, den digitalen Wandel im Unternehmen zu verstehen und die Mitarbeiter mit auf den chancenreichen Weg der digitalen Transformation zu nehmen.

Heutzutage liegt der Fokus der Führung nicht allein auf dem Führer, sondern auch auf den Geführten, den Peers, den Arbeitsbedingungen und auch der Arbeitskultur. Neue Führungsansätze betrachten ein viel breiteres Feld und eine größere Vielfalt von Personen national wie international. Gleichzeitig findet sich Führung heute in den verschiedensten Modellen wieder: strategisch, global, komplex, verteilt, relational, sozial-dynamisch [vgl. Lang/Rybnikova 2014, S. 20].

Die Welt der klassischen Führungstheorien mit ihren klaren, eindimensionalen Konzepten, bei denen Führungseigenschaften, Führungsverhalten und Führungssituationen im Vordergrund stehen, ist damit einer Führungswelt gewichen, die sich sehr gut mit dem schon fast geläufigen Akronym **VUCA** beschreiben lässt. VUCA steht für volatil, unsicher, komplex (complex) und mehrdeutig (ambiguos). Die eigentliche Herausforderung einer VUCA-Welt besteht nämlich darin, sie anzunehmen und mit ihr mitzugehen. Im Klartext heißt das: Als Organisation mit Schwankungen mitgehen können, die Nicht-Berechenbarkeiten von Unsicherheiten zu akzeptieren und nicht zu versuchen, sie in Risiken, aber auch in Chancen zu überführen. [vgl. Ciesielski/Schutz 2016, S. 4].

3.1.2 Medien-Mix und Kommunikation über Distanzen

Die neuen Organisationen zeichnen sich vor allem durch den konzentrierten Einsatz moderner Informations- und Kommunikationsmittel bzw. von sozialen Medien (engl. *Social media*) aus. Gleichzeitig findet die Arbeit in geografisch und zeitlich verteilten Strukturen statt. Aufgrund des Mangels an direkten Kontakten erfolgt die wechselseitige Einflussnahme zwischen Führungskräften und Geführten hauptsächlich mithilfe dieser neuen Informations- und Kommunikationsmittel (IuK) bzw. sozialer Medien.

Solche Rahmenbedingungen bringen zwangsläufig neue Anforderungen an die Führung mit sich. Traditionelle Führungsmodelle, die auf direkten Interaktionen basieren, sind grundsätzlich nicht geeignet, solche Anforderungen abzudecken. Demnach steht bei den („neuen") Führungskonzepten eine Führung im Mittelpunkt, die mittels moderner IuK bzw. sozialer Medien funktionieren muss [vgl. Wald 2014, S. 356].

Zu den klassischen IuK zählen E-Mail-Dienste, Intranet-Lösungen, Foren und Chats im betrieblichen und überbetrieblichen Rahmen. Während mit diesen klassischen IuK vor allem die von den Unternehmen gesteuerte Informationsbereitstellung und der geregelte Informationsaustausch im Vordergrund stand, vollzog sich hier in den letzten Jahren eine Entwicklung von den klassischen IuK hin zum **„Mitmach-Netz"**, dem Web 2.0 bzw. den sozialen Medien. Informationen werden sowohl durch die Organisationen bereitgestellt als auch durch die Nutzer selbst eingebracht. Statt Software stehen Dienste im Fokus, deren Angebote auf verschiedenen Endgeräten nutzbar sind. Die unmittelbare Interaktion der Nutzer steht im Vordergrund. Daten können neu kombiniert bzw. transformiert werden. Der Schwerpunkt bei Nutzung und Bereitstellung von Informationen liegt beim Anwender. Wurden das Internet bzw. betriebliche Lösungen („Intranet") bislang zur kontrollierten Weitergabe von Informationen genutzt, ist es nun möglich und gewünscht, dass Nutzer, d. h. auch Führungskräfte und Mitarbeiter selbst, Inhalte bereitstellen und diese mit anderen austauschen [vgl. O'Reilly 2005].

Die Verschmelzung von Telekommunikationsterminal und Computer zum Smartphone dem am weitesten verbreiteten Mobilgerät mit völlig neuen Nutzungsmöglichkeiten, hat wesentlich zur Beschleunigung dieser Entwicklung beigetragen. Aufgrund seiner Multifunktionalität hat dabei das Smartphone in zweifacher Hinsicht eine besondere Rolle als Markttreiber übernommen. Auf der einen Seite vertreibt das Smartphone im Sinn der Substitution Produkte wie digitale Kompaktkameras, mobile Navigationsgeräte und MP3-Player vom Markt. Zum anderen treibt es den Markt an, da durch die Vernetzung zu anderen Geräten neue Anwendungs- und damit Wachstumsfelder entstehen. Neben den für die Mobiltelefonie notwendigen Komponenten wie Mikrofon, Lautsprecher und dem Touchscreen als Bedienelement ist diesen Geräten auch die Schnittstelle zum Mobilfunknetzwerk typisch. Für Verbraucher ist diese Schnittstelle vor allem deshalb wichtig, weil das Smartphone immer mehr verfügbare Daten bündelt und alle Informationen auf einem Bildschirm zusammenfassen kann. Das Smartphone steht also nicht für sich allein, sondern entfaltet seine volle Wirkung als erst mit dem vernetzten Gerät, mit dem es kommuniziert [vgl. Lippold 2017, S. 10 f.].

Soziale Medien haben in den vergangenen Jahren die Internetnutzung nicht nur geprägt, sondern auch verändert. Sie sind für Millionen von Nutzern aus der alltäglichen Kommunikation nicht mehr wegzudenken und beeinflussen Unternehmen und Organisationen in zunehmendem Maße. Für Unternehmen sind soziale Medien daher in vielen Bereichen zu einem wichtigen Wertschöpfungsfaktor geworden. Facebook, YouTube, Twitter, LinkedIn & Co. bieten Internetnutzern nicht nur einen Unterhaltungswert oder die Möglichkeit, persönliche Kontakte zu knüpfen und zu pflegen, sie ermöglichen auch einen schnellen Zugang zu und den Austausch von Informationen. Und auch für die Fundierung wichtiger Entscheidungen spielen soziale Medien eine immer größere Rolle, sodass sie vermehrt in den Fokus des Managements rücken.

Viele Unternehmen haben soziale Medien zunächst für die externe Kommunikation eingesetzt. Inzwischen nutzen Unternehmen aber auch verstärkt eine Social Software für interne Zwecke, um Austausch und Zusammenarbeit unter den Mitarbeitern zu verbessern. Insbesondere vervollständigen Social Media die E-Mail-Kommunikation, da viele Anfragen auf diesen Kanälen schneller und transparenter beantwortet werden können als über die klassische Mail. Zudem ergänzen Social Media in vielen Unternehmen inzwischen die bislang üblichen Intranets. Ein wichtiger Unterschied zum klassischen Intranet ist dabei die Art und Weise, wie Inhalte entstehen und geteilt werden. Jeder Mitarbeiter kann gleichzeitig Sender und Empfänger sein. Aus dem internen Redakteur wird ein Community-Manager.

Eine moderne Unternehmensführung weiß, wo der Mehrwert von Social-Media-Maßnahmen liegt, wie sie diese systematisch planen und dadurch erfolgreich Kunden binden sowie neue Kunden erreichen können.

3.1.3 Generationenwechsel und hybride Arbeitskulturen

Welchen Beitrag leistet die Unternehmenskultur bei der Begegnung mit den Werten der neuen Technologien? Besteht ein Zusammenhang zwischen Unternehmenskultur und digitaler Führung? Bevor diese Fragen erörtert werden, soll aufgezeigt werden, was Unternehmenskultur ist und was sie bewirken kann.

Jedes Unternehmen verfügt über eine **Unternehmenskultur.** Diese wird nicht einfach erfunden oder verordnet, sondern (vor)gelebt. Sie entsteht mit der Unternehmensgründung und ist je nach Entwicklungsgeschichte des Unternehmens mehr oder weniger ausdifferenziert. Häufig liegen die Ursprünge einer Unternehmenskultur beim Unternehmensgründer (z. B. THOMAS WATSON bei IBM, STEVE JOBS bei APPLE, AUGUST OETKER, MAX GRUNDIG), die mit ihren Visionen und Ideen, mit ihren Wertvorstellungen, Eigenarten und Neigungen als Vorbilder für nachfolgende Managergenerationen dienen. Kulturprägend wirken aber auch Krisen und einschneidende Veränderungen sowie die Art und Weise, wie diese gemeistert werden, neue Geschäftsmodelle, die Branche und das (regionale) Umfeld eines Unternehmens, die Art der Kunden, der Investoren etc. [vgl. BUSS 2009, S. 176 ff.].

Oftmals waren es auch gerade die oben genannten Unternehmensführer, die für eine **neue Technologie** standen und diese mit ins Unternehmen brachten oder gar die neuen Entwicklungen zum **Zentrum ihres Geschäftsmodells** machten.

Heute finden wir solche Techniker und Tüftler, die neue Technologien zu ihrem Geschäft machen, bei den **Start-ups** – also bei Inhaber-geführten Unternehmen. Die allermeisten größeren Unternehmen werden jedoch von eingesetzten und gut bezahlten Managern der Generation X (Geburtsjahrgänge 1965 bis 1980) geführt, die eben nicht der digital geprägten Generation Y (Geburtsjahrgänge 1980 bis 1995) angehören. Und jetzt drängt die nächste Generation, die Generation Z (Geburtsjahrgänge ab 1995), in die Unternehmen. Oft werden beide Generationen, Y und Z, zusammen gerne als **„Digital Natives"** angesprochen und beiden der gleiche information-age-Mindset zugeschrieben. Im Gegensatz zu der schon digital geprägten Generation Y wächst die nachfolgende Generation Z allerdings schon seit ihrer Geburt als „Digital Natives" auf. Dieser Lern- und Lebensmodus ist an die **VUCA-Welt** bereits angepasst.

Für traditionelle Führungskräfte und Unternehmen sind die „Digital Natives" somit eine immer größere Herausforderung. Die Bindung bei ihnen besteht nicht mehr zum Unternehmen, sondern zu interessanten Projekten und zu mitreißenden Führungspersönlichkeiten. Digitale Transformation beschränkt sich nicht auf Technologien, sie umfasst auch kulturelle Gestaltungs- und hybride Arbeitsräume, Kulturen und Werte. Klassische Anreizsysteme, wie etwa Firmenwagen und Statussymbole verlieren an Wert [vgl. CIESIELSKI/SCHUTZ 2016, S. 3].

„Was es bedarf, ist eine kompetenzbasierte, generations- und kultursensible Führung fernab der bloßen Statussymbolik, die alle fünf Generationen begeistert und verbindet, damit alle an der gemeinsamen Arbeitsumgebung arbeiten und fortlaufend hybride (analoge wie digitale) Kompetenzen entwickeln" [CIESIELSKI/SCHUTZ 2016, S. 3].

Die digitale Transformation ist also ein Kultur- *und* ein Leadership-Thema. Es geht nicht mehr darum, digital zu werden – wir sind es bereits. In der Arbeitskultur kommen aber nicht nur die Generationen Y und Z, sondern auch die Baby Boomer und die Generation X zusammen. Die Frage ist also vielmehr, wie es gelingen kann, eine generationenübergreifende, besser generationenverbindende Kommunikations-bzw. Unternehmenskultur zu leben. Denn im Bereich der Arbeitskultur kommt es regelmäßig zu den größten Abstoßungs- oder Assimilationserscheinungen gegenüber einer neuen Technologie. Die unterschiedlichen mentalen Modelle und Wertvorstellungen der jeweiligen Generationen zu ignorieren und mit Kündigungen zu reagieren, kann angesichts der demografischen Entwicklung nicht funktionieren und ist keine Lösung. Nur eine generationengerechte Unternehmensführung wird zum wettbewerbsbestimmenden Erfolgsfaktor für die Zukunft [vgl. Möller et al. 2015, S. 127].

So zeigt Abb. 3.1 die unterschiedlichen positiven und negativen wertebezogenen Ausprägungen verschiedener Generationen hinsichtlich ihres Verhaltens am Arbeitsplatz. Die hier dargestellte Generationeneinteilung stammt zwar aus den

	Traditionalisten Geburtsjahrgänge bis 1945	**Baby Boomer** Geburtsjahrgänge von 1945 bis 1965	**Generation X** Geburtsjahrgänge von 1965 bis 1980	**Generation Y / Millennials** Geburtsjahrgänge von 1980 bis 1995	**Generation Z** Geburtsjahrgänge ab 1995
Verhalten am Arbeitsplatz	+ verlässlich + gründlich + loyal + fleißig + beständig + hierarchietreu - konfliktscheu - systemkonform - wenig veränderungsbereit	+ kundenorientiert + leistungsbereit + ehrgeizig + motiviert + beziehungsfähig + kooperativ - egozentrisch - eher prozess- als ergebnisorientiert - kritikempfindlich - vorurteilsbeladen	+ flexibel + technik-affin + unabhängig + selbstbewusst + kreativ - ungeduldig - wenig sozial - zynisch - wenig durchsetzungsfähig	+ teamorientiert + optimistisch + hartnäckig + kühn + multitaskingfähig + technologisch fit - unerfahren - anleitungsbedürftig - strukturbedürftig - antriebsschwach - illoyal	+ Hohe Akzeptanz/ Toleranz von Diversitäten + selbstüberzeugt + technologisch fit + selbstorganisationsfähig - Verantwortung wird abgegeben (z.B. an die Helicopter-Eltern) - geringere Sorgfalt - rudimentäres Google-Gedächtnis
Einstellung zur Arbeit	Pflicht und Wert	Herausforderung und Selbstfindung	Job und Spaß	Sinn und Team	Arbeit ist Spaß, Arbeit ist unsicher und Arbeit ist unklar
Einstellung zur Autorität	Gehorsam	Hassliebe	Unbeeindrucktheit	Höflichkeit	Indifferent
		„Leben, um zu arbeiten"	„Arbeiten um zu leben"	„Erst leben, dann arbeiten"	„Leben und arbeiten als fließender Prozess"

Abb. 3.1 Arbeitsverhalten verschiedener Generationen. (Quelle: in Anlehnung an Oertel 2007, S. 28 f. und Ciesielski/Schutz 2016, S. 41 ff.)

USA, sie lässt sich aber durchaus teilweise auf den europäischen Kulturkreis übertragen [vgl. BARTSCHER et al. 2012, S. 31 f.].

3.2 Ausprägungen neuer Führung

Beispielhaft für die Vielzahl neuer Führungsansätze, die auch kurz als **New Leadership-Ansätze** (und manchmal sogar als „Führungsinstrumente aus dem Silicon Valley“) bezeichnet werden, sollen einige besonders intensiv diskutierten Konzepte vorgestellt werden. Im Vordergrund steht hierbei jedoch keine theoretische Durchdringung der einzelnen Führungsansätze, sondern lediglich eine kurze inhaltliche Darstellung der wichtigsten Ausprägungen:

- Super Leadership
- Geteilte und verteilte Führung
- Agile Führung
- Systemische Führung
- Virtuelle Führung
- Digitale Führung.

3.2.1 Super Leadership

Der **Super Leadership-Ansatz** (engl. *Super Leadership Theory*), der auf CHARLES MANZ und HENRY SIMS [1987 und 1991] zurückgeht, befasst sich mit den Herausforderungen einer dezentralen Arbeitswelt, in der es für Führungskräfte mitunter sehr schwierig sein kann, Mitarbeiter zeitnah zu erreichen und deren Verhaltensweisen in ihrem Verantwortungsbereich durch direkte Einflussnahme zu steuern. Vor diesem Hintergrund wird verstärkt auf weichere, weniger starre Formen der Arbeitsorganisation gesetzt. Diese beinhalten unter anderem eine größere Selbstständigkeit der Mitarbeiter. Der Super Leadership-Ansatz, der zu den transformationalen New Leadership-Theorien zählt, beschäftigt sich daher intensiv mit der Antwort auf die Frage, wie es Führungskräften gelingen kann, Mitarbeiter zur Selbstorganisation oder „Selbstführung“ zu motivieren bzw. zu befähigen. Diese Fähigkeit wird als „Self Leadership“ bezeichnet. In der Theorie agiert also der Führende als „Super Leader“, der seinen Mitarbeitern flexiblere Rahmenbedingungen für eine zweckgerichtete Selbststeuerung schafft [vgl. STOCK-HOMBURG 2013, S. 515 ff.].

Das Konzept der Super Leadership grenzt sich somit spürbar von klassischen Führungsstilen ab, bei denen der Vorgesetzte die Verhaltenssteuerung der Geführten übernimmt, den Spielraum seiner Mitarbeiter also klar begrenzt. Der Führende agiert nicht mehr als eine Art „Über-Führer", sondern eher als am Arbeitsablauf orientierter Gestalter, der seinen Mitarbeitern Freiräume lässt und die Möglichkeit eröffnet, sich selbst zu organisieren. Der Vorgesetzte selbst sieht sich dabei als Prozessmoderator. Um eine erfolgreiche Self Leadership durchzusetzen, schlagen die Führungsforscher Manz und Sims einen mehrstufigen Prozess vor, an dessen Ende eine Einführung der Self-Leadership durch Super Leadership erfolgt ist. Dieses Ziel ist dann erreicht, wenn sich Mitarbeiter Aufgaben und Informationen selbstständig suchen und Entscheidungen eigenständig treffen. Grundlage sind dabei stets die Wertvorstellungen des Unternehmens und dessen Strategien [vgl. Schirmer/Woydt 2016, S. 192].

Als Kritik zum Super-Leadership-Ansatz wird angemerkt, dass große Teile des Führungserfolges dann nicht von der Führungskraft abhängen, sondern vom Mitarbeiter beziehungsweise einzelnen Mitarbeitern. Außerdem ist fraglich, ob dieser Führungsansatz sinnvoll in allen Bereichen oder Branchen angewendet werden kann [vgl. Weibler 2016, S. 390].

3.2.2 Geteilte und verteilte Führung

Infolge von Globalisierung und Digitalisierung verbunden mit neueren Organisationsansätzen (Stichwort: flachere Hierarchien) und zunehmender Forderung nach stärkerer Demokratisierung unternehmerischer Entscheidungsprozesse rückt ein weiterer New Leadership-Ansatz in den Blickpunkt des Interesses – die **geteilte Führung** (engl. *Shared Leadership*). Bei diesem Ansatz steht, wie auch beim Super-Leadership-Ansatz, nicht mehr der Vorgesetzte als Alleinentscheider im Fokus des Führungsprozesses. Vielmehr steht die Frage im Vordergrund, wie Führung in Organisationen aufgeteilt werden soll, um Motivation und Leistung zu optimieren. Führung ist demnach nicht eine Kette von Anweisungen, die vom Vorgesetzten an seine Mitarbeiter weitergegeben wird. Vielmehr sollen sich Führender und Geführter vor dem Hintergrund der Zielvorgabe als quasi Gleichberechtigte sehen. Der Vorgesetzte agiert eher als Beschleuniger, statt die Rolle des Entscheiders einzunehmen [vgl. Schirmer/Woydt 2016, S. 195 ff.; Lang/Rybnikova 2014, S. 151 ff.].

Als Grund für das Entstehen dieser neuen Führungstheorie werden häufig der Wandel der Gesellschaft und der Einzug der „Generation Y" in den Arbeitsmarkt genannt, die nun nach und nach die Mitglieder anderer Generationen

(Generation X) ablösen. Wo Mitglieder der Generation X mit Hierarchien und kontrollierten Abläufen aufgewachsen waren, stehen bei den heutigen Digital Natives der Generation Y viel stärker emotionale Werte im Fokus ihres Denkens und ihrer Haltung. Dies führt zwangsläufig dazu, dass die Arbeitsplatzwahl für Mitglieder der Generation Y oftmals an andere Ansprüche geknüpft ist als für die Vorgänger-Generationen.

Neben der Kompetenz- und Führungserweiterung durch das Team ist ein Verständnis von geteilter Führung verbreitet, bei dem zwei Chefs die Führungsrolle in Teilzeit zusammen ausüben. Eine solche Variante der geteilten Führung bietet sich immer dann an, wenn Teilzeit im Unternehmen einen hohen, akzeptierten Stellenwert hat.

In der Praxis wird Shared Leadership unterschiedlich bewertet. Als positive Ergebnisse konnten oftmals mehr Vertrauen unter den Teammitgliedern, eine bessere Teamperformance und auch eine höhere Zufriedenheit der Beschäftigten festgestellt werden. „Fehlende Orientierung" oder „Machtmissbrauch" durch Teammitglieder sind dagegen als negative Effekte zu verbuchen. Um „Geteilte Führung" in einem Unternehmen zu etablieren bedarf es eines gewissen Durchhaltevermögens, denn Teil einer erfolgreichen Einführung ist sowohl eine Einübungs- als auch eine Findungsphase aller Mitwirkenden. Als begünstigender Faktor für die Einführung kristallisierte sich nach Studienergebnissen ein hoher Frauenanteil, verbunden mit einem insgesamt geringen Altersdurchschnitt, heraus. Außerdem zählten eine hohe ethnische Diversität und ein großes gegenseitiges Vertrauen innerhalb der Gruppe. Dementgegen stehen auf der Seite der Führungskräfte Faktoren wie Kontroll- und Machtverlust, Furcht vor Anarchie, persönliche Unsicherheit und mangelnde Fähigkeiten im Umgang mit nichtdirektivem Führungsverhalten. Aufseiten der Mitarbeiter können Furcht vor zu viel Macht und Verantwortung sowie Angst vor Statusverlust eine Herausforderung darstellen [vgl. Lang/Rybnikova 2014, S. 168 ff.].

In Abgrenzung zur geteilten Führung schließt das (etwas) weitergehende Konzept der **verteilten Führung** (engl. *Distributed Leadership*) über die Gruppe hinausgehende, aber in diese hineinwirkende strukturelle und z. T. auch kulturelle Führungsformen zusätzlich mit ein. Dabei spielen formale, pragmatische, strategische, regionale, aber auch kulturelle Verteilung von Führung dann eine Rolle, wenn die gemeinsamen Annahmen über eine natürliche Teilung der Führungsprozesse die Arbeitsgrundlage bilden [vgl. Lang/Rybnikova 2014, S. 168 ff.].

Grundsätzlich haben Shared und Distributed Leadership-Ansätze immer dann eine besondere Relevanz, wenn es um Teilung und Verteilung von **Führungsaufgaben,** um Aufteilung der **Führungsverantwortung,** um Teilung und Verteilung von **Machtressourcen** sowie um **gemeinsame, kollektive Einflussausübung** geht.

3.2.3 Agile Führung

Eine praxisbezogene Ausprägung des Shared Leadership ist die **agile Führung,** die seit Jahren stark an Bedeutung gewinnt. Dabei wird agile Führung als Verhalten interpretiert, bei der die Mitarbeiter selbstbestimmt den Weg der Aufgabenbewältigung festlegen und somit in Entscheidungen eingebunden werden. Wichtig ist dabei, dass hierarchische Strukturen aufgebrochen werden. Mitarbeiter sollen ihre Kompetenzen selber erkennen, einschätzen und sich gegenseitig Feedback geben. Agiles Führen kann sogar bedeuten, dass Führungsfunktionen nach dem Motto **„Mitarbeiter wählen ihren Chef"** infolge eines basisdemokratischen Wahlprozesses temporär auf einzelne Mitarbeiter übertragen werden [vgl. Schirmer/Woydt 2016, S. 200].

Der Begriff **Agilität** unterscheidet folgende Ebenen:

- Agile Werte und Prinzipien, die im sogenannten *agilen Manifest* festgelegt sind,
- Agile Methoden (z. B. Scrum, IT-Kanban, Design Thinking) und
- Agile Praktiken, Techniken und Tools (Product Owner, Product Backlog, Time Boxing).

Die agile Führung ist in der Softwareentwicklung entstanden und dort inzwischen eher die Regel denn die Ausnahme. Aber auch im IT-nahen Umfeld, wie beispielsweise der Einführung von ERP-Systemen und im Non-IT-Bereich, wie der Produktentwicklung, spielen agile Methoden und Prinzipien eine immer wichtigere Rolle. Agile Methoden stellen Werte und Prinzipien in den Vordergrund, wo bisher Methoden und Techniken im Fokus waren. Die Softwareentwicklungsmethodik **Scrum** kann dabei als eine Art Vorreiter der agilen Führung bezeichnet werden: Anstatt Projekte nach starren Plänen zu führen, gehen agile Projekte flexibler vor. Scrum kommt aus dem Rugby-Sport und bezeichnet eine „Gedränge-Formation", in der sich die beiden Teams nach einer kurzen Spielunterbrechung zur Weiterführung wieder zusammenfinden. Scrum setzt auf selbstorganisierende Teams ohne Projektleiter in der Softwareentwicklung. Die Teams teilen das Gesamtprojekt in kurze Intervalle (Sprints) auf. Am Ende der Intervalle stehen in sich abgeschlossene Teilergebnisse, die durch eigenverantwortliche und selbst organisiert arbeitende Entwickler realisiert werden. Damit wird auf die bisher sehr umfangreichen, bürokratischen Planungs- und Vorbereitungsprozesse verzichtet, die letztlich zu einer Trennung von Planung und Ausführung führten [vgl. Schirmer/Woydt 2016, S. 199].

In agilen Organisationen

> formieren sich Mitarbeiter in Squads (interdisziplinäre Produktteams), Tribes (Zusammenschluss von Squads mit gemeinsamer Business Mission) und Chapters (Wissens- und Erfahrungsschwerpunkte über die Squads hinweg) zu ständig neuen Teams. Die Führungsorganisation umfasst Product Owners (Prozessverantwortliche innerhalb eines Squads), Tribe Leads (Managementverantwortliche innerhalb eines Tribes) und Chapter Leads (hierarchische Funktion mit ganzheitlicher Personalverantwortung innerhalb eines Chapters). Zusätzlich bieten agile Coaches individuelle Begleitung von Einzelpersonen oder Moderation von Teams an [Jochmann 2019].

Agile Methoden treffen immer dann auf fruchtbaren Boden, wenn sich das Führungsverständnis zunächst der Projektmanager und dann der Führungskräfte mit wandelt. Der Boden hierfür scheint aber gut aufbereitet, denn agile Methoden finden zunehmend Interesse bei Teamleitern wie im Top-Management und werden deutlich positiver bewertet als die des klassischen Projektmanagements. Allerdings zeigen Umfragen, dass erst 20 % aller befragten Unternehmen (n = 902) agile Methoden durchgängig („nach Lehrbuch“) bei der Durchführung und Planung von Projekten einsetzen und nutzen [Quelle: GPM-Status Quo Agile 2017].

3.2.4 Systemische Führung

Obwohl die transformationalen New-Leadership-Ansätze davon ausgehen, dass Entscheidungsprozesse weitgehend selbst organisiert durch die Mitarbeiter geschehen, so sind sie jedoch noch so gestaltet, dass Führungskräfte steuernd eingreifen können. Bei der **Systemischen Führung** betrachtet man Unternehmen als Systeme, in denen Lenkungshandlungen dagegen zu einer Vielzahl von direkten und indirekten Führungsreaktionen führen, womit eine klassische, beeinflussende Führung „unmöglich“ wird.

> Systeme sind Ganzheiten, die sich aus einzelnen Elementen zusammensetzen die miteinander über Relationen verbunden sind und interagieren Unternehmen stellen mit ihren Subsystemen und Elementen, d. h. Abteilungen und Mitarbeitern, komplexe Systeme dar. Komplexität beschreibt dabei die Fähigkeit eines Systems, eine große Zahl verschiedener Zustände einnehmen zu können bzw. mit einer großen Zahl unterschiedlich zusammengesetzter Reaktionen auf Impulse reagieren zu können [Schirmer/Woydt 2016, S. 201].

Mit dieser Beschreibung werden Unternehmen von einfacheren Systemen wie zum Beispiel Maschinen, die auf gewisse Reize nur mit einer bestimmten Reaktion antworten können, abgegrenzt. Bei der systemischen Führung geht man davon aus, dass die **Komplexität** ein wichtiger Bestandteil wirksamer Führung ist. Dabei beschränkt sie sich nicht auf die Beziehungen zwischen Führungskräften und Mitarbeitern allein, sondern schließt die Beziehungen aller beteiligten Stakeholder des Systems ein. Die Führungskraft agiert dabei lediglich als Impulsgeber. Aufgrund der großen Komplexität und der vielen Einflüsse ist ein Steuern der Prozesse durch die Führungskraft so kaum noch möglich.

Der wichtigste Baustein der Systemischen Führung ist die **Kommunikation.** Hierbei gilt es vor allem, den Mitarbeitern durch eine gezielte Gesprächsführung neue Perspektiven darzustellen. Ziel dabei ist allerdings nicht, dass alle Mitarbeiter später eine einheitliche Sichtweise vertreten. Um zu diesem Punkt zu kommen, werden von Führungskräften Werkzeuge wie Skalen- oder Klassifikationsfragen genutzt. Skalenfragen werden dazu eingesetzt, um Wertigkeiten oder Bedeutungen einschätzen zu können. Eine mögliche Skalenfrage wäre hier: „Wie wichtig ist auf einer Skala von eins bis zehn die Zufriedenheit unserer Mitarbeiter?“ Eine Klassifikationsfrage wird eingesetzt, um unterschiedliche Betrachtungsweisen erkennbar zu machen, so beispielsweise: „Welche unserer neuen Produkte werden den meisten wirtschaftlichen Erfolg bringen?“.

Die Systemische Führung liefert keine einfachen Lösungen in Form von Handlungsanweisungen. Daher wird versucht, die wahrgenommene Realität der Mitarbeiter so zu beeinflussen, dass Lösungen selbst organisiert gefunden werden können. Allerdings verwehrt die sehr spezifische Theoriefundierung vielen Praktikern einen Zugang zur Systemischen Führung [vgl. Schirmer/Woydt 2016, S. 203].

3.2.5 Virtuelle Führung (Führung mit neuen Medien)

Virtualität beschreibt Eigenschaften eines konkreten Objekts, die nicht physisch, aber durch den Einsatz von Zusatzspezifikationen (z. B. von neuen Kommunikationsmöglichkeiten) realisiert werden können. Bei virtueller Führung kann mithilfe dieser Zusatzeigenschaften trotz physischer Abwesenheit von Führungskräften geführt werden. Es geht hier also nicht um die „Führung der Möglichkeit nach“, sondern um die Führung realer Mitarbeiter mit Hilfe von modernen Informations- und Kommunikationstechnologien bzw. sozialen Medien [vgl. im Folgenden Wald 2014, S. 356 ff.].

Das zentrale Problem virtueller Führung ergibt sich aus der **Distanz** bzw. den fehlenden persönlichen Kontakten zwischen Führenden und Geführten. Dabei ist die Entfernung nicht entscheidend für die Effektivität der Kommunikation, wohl aber für die Effektivität der Führung. Der fehlende persönliche Bezug und fehlende Informationen zum sozialen Kontext erschweren den Aufbau sozialer Beziehungen und von Vertrauen. Dies kann Passivität und Leistungszurückhaltung der Mitarbeiter hervorrufen. Andererseits werden der Umgang mit dieser Distanz, d. h. die erfolgreiche Kommunikation mit modernen Medien, sowie der Aufbau und der Erhalt von Vertrauen, unter virtuellen Bedingungen unverzichtbar.

Letztlich sind es nach Peter M. Wald vier Perspektiven, aus denen man sich dem Phänomen der virtuellen Führung nähern kann:

- Virtuelle Führung als Führung aus der Distanz – Aus der Entfernung führen
- Virtuelle Führung als E-Leadership – Mit neuen Medien führen
- Virtuelle Führung als Führung mit neuen Beziehungen – Neue Führungsbeziehungen gestalten
- Virtuelle Führung als emergente (neu aufkommende) Führung – Entstehende Führung nutzen

Führung kann unter virtuellen Bedingungen auf verschiedene Instanzen „verteilt" werden, d. h. die Teamführung, wenn also Teammitglieder gemeinsam Führung ausüben, kann unter virtuellen Bedingungen empfehlenswert zu sein, weil damit die Selbststeuerungsfähigkeit des Teams erhöht wird. Gemeinsam ausgeübte Führung beeinflusst die Leistung stärker als in konventionellen Teams. Fragen nach dem Verhältnis der Führungsformen (zentral/verteilt, transaktional/transformational), Wirkungen ihres Einflusses und die Umsetzung interaktionaler Führung unter virtuellen Bedingungen sind aber bislang noch unbeantwortet.

Abb. 3.2 fasst die verschiedenen Perspektiven virtueller Führung und ihre Kernaussagen zusammen.

Die Empfehlungen zur Gestaltung virtueller Führung beinhalten neben Hinweisen für die Auswahl und Entwicklung von Führungskräften auch konkrete Vorschläge zur Umsetzung virtueller Führung mittels Kommunikation, Vertrauen, Beziehungen und Distanzführung. In Abb. 3.3 finden sich entsprechende Vorschläge zu ausgewählten Anforderungen.

Perspektive	Spezifische Sicht	Kernaussagen
Distanz	Virtuelle Führung als Führung aus der Entfernung, die Vertrauen voraussetzt	Virtuelle Führung ist Führung räumlich entfernter Personen, ist Führung mit zusätzlichen Charakteristika, wie räumliche, soziale, kulturelle Distanz, ist medienunterstützte Führung und findet unter veränderten Organisationsformen statt
Neue Medien	Virtuelle Führung als Führung unter Nutzung von Neuen Medien, Informations- und Kommunikationstechnologien und sozialen Medien, Führung als E-Leadership	Virtuelle Führung ist ein sozialer Einflussprozess, der durch Medien vermittelt wird, um Veränderungen in Einstellungen, Emotionen, dem Denken und Verhalten und/oder der Leistung von Individuen, Gruppen und/oder Organisationen zu erreichen
Neue Beziehung	Virtuelle Führung als Führung mit veränderten Führungsbeziehungen, neu verteilten Informationen und neuen Kontrollmöglichkeiten	Virtuelle Führung ist Führung, die den veränderten Möglichkeiten einer veränderten Verteilung von Informationen insbesondere durch verstärkten Einsatz von sozialen Medien Rechnung trägt, bei der es auch zu Emergenzen kommen kann
Führungsstilpräferenz	Virtuelle Führung als Führung in virtuellen Organisationen oder unter den Bedingungen der Virtualität	Unter virtuellen Bedingungen oder bei verstärkter Nutzung von IuK kommt es zu veränderten Präferenzen hinsichtlich der verschiedenen Führungskonzepte: geeignet scheinen v.a. geteilte/transaktionale/transformationale sowie partizipative, zielorientierte Führung

Abb. 3.2 Zusammenfassung von Kernaussagen zur virtuellen Führung. (Quelle: Wald 2014, S. 368)

Anforderungen	Beispiele
Kommunikation bzw. kommunikative Fähigkeiten	• Zuhören, Sondieren, Beratungen führen • Anreicherung der Kommunikation • Medienkompetenz und Fähigkeit zum konstruktiven Feedback, Kommunikation einer klaren Vision
Vertrauen bzw. Vertrauensaufbau	• Förderung von Bindung und Commitment • Aufbau und Unterstützung des Vertrauens durch neue Medien, Sicherstellung, dass Diversität angenommen wird • Fairnessbewusstsein, hohe Integrität und Vertrauensbereitschaft
Umgang mit Beziehungen	• Gezielter Aufbau und Erhalt der Beziehungen auch durch IuK/soziale Medien • Erkennen von Bedürfnissen über die Distanz sowie partizipative Orientierung • Förderung einer Atmosphäre der Zusammenarbeit und Empowerment
Distanzführung	• Arbeitsfortschritte erkennen, Zielerreichung kontrollieren, Work-Life-Balance sichern, Umgang mit Komplexität • Steuerung virtueller Work-Life-Zyklen, Teamfortschritte (mit Medien beobachten), Ausbau der Sichtbarkeit der Teammitglieder • Niedriges Kontrollbedürfnis und realistische Zielsetzung

Abb. 3.3 Ausgewählte Anforderungen an Führungskräfte im virtuellen Kontext. (Quelle: Wald 2014, S. 375)

3.2.6 Digitale Führung

Zunächst eine Klarstellung: Es gibt keine „digitale Führung“ (und sollte es auch nie geben). Gemeint ist vielmehr eine „digitale Führungs**kompetenz**“. Hinter dem Begriff „Kompetenz“ steht die Frage, ob eine Person die Fähigkeit besitzt, selbst organisiert zu handeln. Kompetenzen bilden den Kern dessen, was man als einen fähigen Mitarbeiter bezeichnet. Kompetenzen sind der zentrale Faktor für die Leistungsfähigkeit des Individuums und damit auch für die Leistungsfähigkeit des Teams, der Abteilung und des Unternehmens als Ganzes. Im Mittelpunkt steht demnach die tatsächliche Handlungsfähigkeit der betreffenden Person. **Kompetenzen** gehen damit deutlich über **Qualifikationen** hinaus. Während eine Qualifikation bestätigt, dass ein formal definiertes und – zumindest in der Theorie – objektives Lernziel (z. B. der Bachelorabschluss in Business Administration) erreicht wurde, bezieht sich eine Aussage über die Kompetenz einer Person darauf, welche Fähigkeiten eine Person tatsächlich besitzt [vgl. Ciesielski/Schutz 2016, S. 105 f.].

Kompetenzen umfassen die Gesamtheit der Erfahrungen, Handlungsantriebe, Werte und Ideale einer Person oder einer Community. In der Kompetenzforschung haben sich nach Erpenbeck/Heyse **vier Schlüsselkompetenzgruppen** herausgebildet (siehe Abb. 3.4):

- **Personale Kompetenzen** (z. B. Loyalität, Glaubwürdigkeit, Eigenverantwortung)
- **Aktivitäts- und Handlungskompetenzen** (z. B. Tatkraft, Entscheidungsfähigkeit, Initiative)
- **Fach- und Methodenkompetenzen** (z. B. Fachwissen, Planungsverhalten, Marktkenntnisse)
- **Sozial-kommunikative Kompetenzen** (z. B. Kommunikations-, Integrations-, Teamfähigkeit).

Explizit *nicht* enthalten in den Schlüsselkompetenzgruppen ist die **Führungskompetenz.** Sie ist vielmehr eine **Querschnittskompetenz.** Führungskompetenz wird am häufigsten mit folgenden Schlüsselkompetenzen in Verbindung gebracht:

- Kommunikationsfähigkeit
- Entscheidungsfähigkeit
- Teamfähigkeit.

Der Kompetenz-Atlas von Erpenbeck/Heyse

P Personale Kompetenz | **A Aktivitäts- und Handlungskompetenz**

P	P/A	A/P	A
Loyalität; Normativ-ethische Einstellung; Glaubwürdigkeit; Eigenverantwortung	Einsatzbereitschaft; Selbst-Management; Schöpferische Fähigkeit; Offenheit für Veränderungen	Entscheidungsfähigkeit; Gestaltungswille; Innovationsfreudigkeit; Belastbarkeit	Tatkraft; Mobilität; Ausführungsbereitschaft; Initiative
P/S	**P/F**	**A/S**	**A/F**
Humor; Hilfsbereitschaft; Mitarbeiterförderung; Delegieren	Lernbereitschaft; Ganzheitliches Denken; Disziplin; Zuverlässigkeit	Optimismus; Soziales Engagement; Impulsgeben; Schlagfertigkeit	Ergebnisorientiertes Handeln; Zielorientiertes Führen; Beharrlichkeit; Konsequenz
S/P	**S/A**	**F/P**	**F/A**
Konfliktlösungsfähigkeit; Integrationsfähigkeit; Teamfähigkeit; Dialogfähigkeit Kundenorientierung	Akquisitionsstärke; Problemlösungsfähigkeit; Experimentierfreude; Beratungsfähigkeit	Wissensorientierung; Analytische Fähigkeiten; Sachlichkeit; Beurteilungsvermögen	Konzeptionsstärke; Organisationsfähigkeit; Fleiß; Systematisch-methodisches Vorgehen
S	**S/F**	**F/S**	**F**
Kommunikationsfähigkeit; Kooperationsfähigkeit; Beziehungsmanagement; Anpassungsfähigkeit	Sprachgewandtheit; Verständnisbereitschaft; Pflichtgefühl; Gewissenhaftigkeit	Projektmanagement; Folgebewusstsein; Lehrfähigkeit; Fachliche Anerkennung	Fachwissen; Marktkenntnisse; Planungsverhalten; Fachübergreifende Kenntnisse

S Sozial-kommunikative Kompetenz | **F Fach- und Methodenkompetenz**

Seit den 1990er Jahren entwickeln John Erpenbeck und Volker Heyse die Kompetenzmessinstrumente KODE® und KODE®X. Grundlage ihres Messinstruments ist ihr sogenannter Kompetenz-Atlas, in dem sie 64 Schlüsselkompetenzen strukturiert aufführen. Mit ihrem Modell und ihrem Messinstrument kann jeder seine eigenen Kompetenzen analysieren, Defizite erkennen und gezielt daran arbeiten, diese zu beheben. Dafür haben die Wissenschaftler spezifische Trainingsprogramme entwickelt.

Abb. 3.4 Der Kompetenz-Atlas nach Erpenbeck/Heyse

Interessanterweise liegt bislang das Augenmerk bei den Führungstrainings allerdings auf den Methoden und Fachkompetenzen.

Geht man jetzt von der (herkömmlichen) Führungskompetenz zur **digitalen Führungskompetenz** über, so kommen ganz offensichtlich zwei Kompetenzen hinzu, die in der Kompetenzarchitektur so nicht zu finden und daher ebenfalls als Querschnittskompetenzen zu bezeichnen sind: die Medienkompetenz und die interkulturelle Kompetenz. **Medienkompetenz** wird zwar nicht unbedingt von einer Führungskraft erwartet, der sichere Umgang mit sozialen Medien wird aber immer wieder als entscheidender Mangel aktueller Führungskräfte angesehen. Als solch ein Mangel gilt auch die **interkulturelle Kompetenz,** denn in der Praxis nehmen Führungskräfte meist nur dann an interkulturellen Trainings teil, wenn sie eine längere Zeit im Ausland verbringen werden. Auf der Grundlage dieser beiden (zusätzlichen) Kompetenzen müssen für die konkreten Führungsaufgaben verschiedene Teil- und Schlüsselkompetenzen ermittelt, definiert und gewichtet werden [vgl. Ciesielski/Schutz 2016, S. 122].

4 Zur Vereinbarkeit alter und neuer Führungskonzepte

4.1 Führungserfolg und Führungsverständnis im Vergleich

Alle genannten Führungskonzepte haben zwar ihren Ursprung in neuen Anforderungen (Umgang mit räumliche Distanz, mit neuen Medien, mit flachen Hierarchien, mit unterschiedlichen Wertvorstellungen verschiedener Generationen etc.), letztendlich sind es aber sehr ähnliche und teilweise überschneidende Ausprägungen eines grundsätzlich neuen Führungsverständnisses, das sich wie folgt skizzieren lässt:

- **Gemeinsames Verständnis** von Zielen und Aufgaben als sich entwickelnde Basis der Kommunikation
- **Gemeinsame Verantwortlichkeit der Gruppe** für den Prozess und die Entwicklung der eigenen Kooperationsfähigkeiten
- **Gemeinsame, selbstorganisierte Führung,** sowohl auf Projekt- als auch auf Abteilungsebene
- Jahresendprozesse **ohne Kalibrierung** der Mitarbeiter
- Hohes Maß an gegenseitigem **Vertrauen**
- Hinterfragen der **Sinnhaftigkeit** von Aufgaben und Akzeptanz einer **positiven Fehlerkultur.**

Abb. 4.1 liefert einen groben Vergleich klassischer und neuer Führungskonzepte.

In den neuen Führungskonzepten wird die Führungsrolle also ziemlich anders gesehen als in den klassischen Führungstheorien. Wesentliche Elemente der **Führung** übernehmen selbstorganisierte Teams. Damit liegt einer Organisation, in der praktisch jeder Führung übernehmen kann, eine ganz andere Führungshaltung

D. Lippold, *Führungskultur im Wandel*, essentials,
https://doi.org/10.1007/978-3-658-25855-9_4

	Klassische Ansätze	Neuere Ansätze
Einflussausübung	Einseitig	Wechselseitig
Führungshandeln	Führungsstil	Strategien, Taktiken
Machtbeziehung	Herrschaft der Führer	Anteil der Geführten, Machtbalancen
Instrument der Zielerreichung	Erfolg abhängig von Führungsstil	Viele Faktoren, vernetzt, zirkulär, viele Alternativen
Merkmal der Persönlichkeit	Eigenschaften der Führungskraft	Zuschreibung durch Geführte
Gruppenphänomen	Formelle Führung, Statik	Informelle, emergente Prozesse, Dynamik
Führungsansätze	Eigenschaftsansatz, Verhaltensansatz, Situativer Ansatz	New Leadership-Ansätze, Systemische Ansätze, Virtuelle Ansätze

Abb. 4.1 Vergleich klassischer und neuerer Führungskonzepte. (Quelle: modifiziert nach Lang/Rybnikova 2014, S. 24)

zugrunde: Mitarbeitern wird grundsätzlich vertraut. Solche Organisationsmodelle entsprechen in ihrer ausgeprägten Form dem **transformationalen und kooperativen Führungsstil.**

4.2 Umsetzung neuer Führungskonzepte in die Praxis

Wirft man einen Blick auf die gegenwärtige Führungspraxis in deutschen Unternehmen, so lässt sich das Aufeinanderprallen von klassischen und neuen Führungskonzepten am besten an den beiden Polen unserer Unternehmenslandschaft illustrieren: Start-ups und Großunternehmen [siehe im Folgenden Lippold 2017, S. 370 ff.].

4.2.1 Umsetzung in Start-ups

Start-ups, die häufig (noch) keinerlei Hierarchien kennen, verstehen sich sehr gut darin, alle Eigenschaften der Generation Y (und zunehmend auch der Generation Z) zu nutzen und auch in ihrem Sinne zu bestärken. Wo andere Unternehmen an ihre Grenzen stoßen und mit den Eigenschaften und Ansichten der

Digital Natives (wie z. B. das permanente Hinterfragen der traditionellen Praxis) nicht umgehen können, werden sie in Start-ups unterstützt. Im Gegenzug sind zumindest die „Ypsiloner" bereit, eine hohe Leistungsbereitschaft zu zeigen. Statussymbole wie Dienstwagen sind von geringerer Bedeutung. Wichtig dagegen ist die intrinsische Motivation der Mitarbeiter. Sie hinterfragen die zu erledigenden Aufgaben und wollen die Sinnhaftigkeit darin erkennen. Ähnliches gilt auch für das Feedback. Zwar suchen Mitarbeiter der Generation Y offensiv das Feedback, jedoch entscheiden sie kritisch, ob sie es annehmen. Für Start-ups ist es wichtig, dass Führungskräfte zwar ein klares Ziel definieren, jedoch nicht den dorthin Weg vorgeben. Dadurch können sich Mitarbeiter mit der Aufgabe identifizieren und sind motivierter. Das steigert wiederum die Zufriedenheit und Loyalität. Bei den Freiräumen, die Mitarbeiter bei diesem „Coaching-Ansatz" genießen, geht **Autorität** nicht verloren. Diese erhält die Führungskraft aber nicht durch Status oder Macht. Vielmehr ist wichtig, dass sie gegenüber dem Mitarbeiter eine natürliche Autorität (besser: **Respekt**) erlangt. Das kann dadurch erreicht werden, dass Mitarbeiter durch die Erfüllung von Zielen auch ihren persönlichen Zielen näherkommen. Dadurch akzeptiert sie die Führungskraft. Wichtig für die jungen Mitarbeiter ist die Authentizität der Führungskraft. Merkt der Mitarbeiter, dass ihm etwas vorgespielt wird, verliert er schnell den Respekt gegenüber seinem Vorgesetzten [vgl. RIEDERLE 2014].

4.2.2 Umsetzung in Groß- und Mittelbetrieben

Der enorme Erfolg, den Start-ups mit ihren innovativen Führungsstilen haben, bleibt auch **großen Unternehmen** nicht verborgen.

> Wir erleben gerade einen Paradigmenwechsel in deutschen Unternehmen. Entscheidungsfähigkeit und Macht werden zunehmend auf Teams oder Projektgruppen verlagert. Der einzelne kluge Kopf wird Teil von Kooperationsnetzen. Geführte erwarten zunehmend andere Menschenführung, Führungskräfte sind zunehmend auf der Suche nach einem anderen Verständnis von Führung und beide wollen eine neue Führungskultur [THOMAS SATTELBERGER in Forum Gute Führung 2014, S. 17].

Viele Unternehmen übernehmen gewisse Aspekte der neuen Führungsansätze, die sich aus dem Umgang mit den veränderten Wertvorstellungen der neuen Generationen ergeben (siehe Abb. 4.2), und führen sie in den eigenen Organisationen ein.

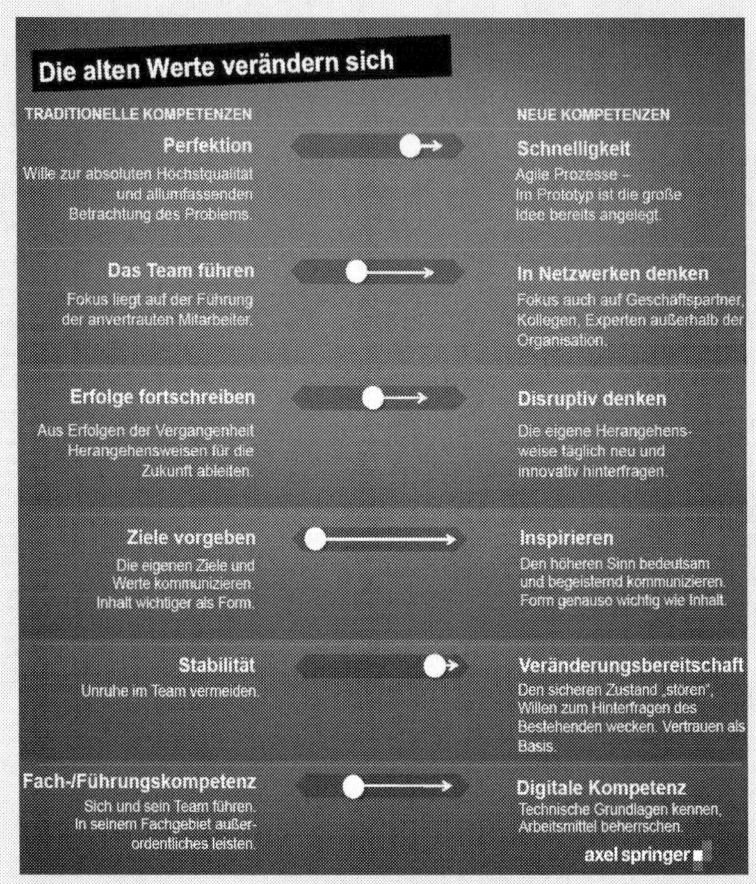

Wie kaum ein anderes Unternehmen der Medienbranche hat sich die Axel Springer SE auf die digitale Transformation eingestellt. Zu den jüngeren strategischen Maßnahmen zählen der Verkauf verschiedener Zeitungen und Zeitschriften an die Funke Mediengruppe sowie die Zusammenführung von N24 und Welt-Gruppe. Neue Akquisitionen im Bereich Rubriken und diverse Investitionen in journalistische Portale in den USA sowie eine neue Marktsegmentierung in die Bereiche ‚Bezahlangebote', ‚Vermarktungsangebote' und ‚Rubrikenangebote' runden die strategische Neuausrichtung ab. Die digitale Transformation erfordert aber nicht nur neue Geschäftsstrategien, sondern auch neue Führungsmodelle, die sich an den veränderten Werten der Mitarbeiter orientieren müssen.

Abb. 4.2 „Die alten Werte verändern sich". (Quelle: Axel Springer SE)

Ein Musterfall dafür ist der Verlag Axel Springer SE, dessen Aktivitäten als beispielhaft im Umgang mit den besonderen Herausforderungen der digitalen Transformation gelten. Im Rahmen seiner Umstrukturierung vom physischen Print-Verlag zum digitalen Medienkonzern tätigte Axel Springer in den Jahren 2006 bis 2015 mehr als 230 Investments vornehmlich in Start-up-Unternehmen. Aufgrund der Erfahrungen mit diesen M&A-Aktivitäten wirbt der Konzern mit dem Slogan „Alle Chancen eines Start-ups". Mit dieser Arbeitgeberkampagne will man potenziellen Mitarbeitern zeigen, dass das Unternehmen die Sicherheit und Vorteile eines Konzerns und gleichzeitig die Dynamik und Arbeitskultur eines kleineren Start-ups bietet [vgl. Laudon 2017].

Ziel dieser Neuformierung in Richtung digitaler Führung muss es sein, die Führungskompetenz dahin gehend zu entwickeln, dass mit Begeisterung und Offenheit geführt wird.

Begeisterung deshalb, weil selbst begeistert sein und andere begeistern können, zwei der wichtigsten elementaren Führungseigenschaften sind. Begeisterung vor allem auch deshalb, weil die Generation Z (Geburtsjahrgänge ab 1995) in der Führung durch Begeisterung einen ganz wichtigen Schlüssel für oder gegen ein Unternehmen als Arbeitgeber sieht.

Offenheit deshalb, weil in einer sich ständig ändernden Umwelt eine permanente Lern- und Veränderungsoffenheit essenziell ist. Offenheit aber auch deshalb, weil organisationale Offenheit und damit **Vertrauen** die Währung im digitalen Zeitalter und in der digitalen Führungskultur ist.

So beginnen die ersten international ausgerichteten Dienstleistungsunternehmen damit, ihre Personalentwicklung komplett umzustellen und auf sämtliche Rankings ihrer Mitarbeiter künftig zu verzichten. Der Grund: Die jährlichen Gespräche seien mit viel Aufwand, aber wenig Ertrag verbunden. In einem Interview mit der Washington Post erklärte Pierre Nanterme, CEO des IT-Dienstleisters Accenture:

„Manager müssen die richtige Person für die richtige Stelle auswählen und sie mit ausreichend Freiraum ausstatten. Die Kunst guter Führung besteht nicht darin, Angestellte ständig miteinander zu vergleichen" [Zeit-Online am 27.08.2015: So geht gute Führung].

Das bedeutet in der Konsequenz, dass die vielen Year-End-Reviews, die in aller Regel mit einer **Kalibrierung der Mitarbeiter** (also einem Vergleich bzw. Ranking der Kollegen einer Grade-Stufe) verbunden sind, obsolet werden. Das führt zu einer Entschlackung von liebgewonnenen, organisationsweiten Prozessen, die aus einem Vollständigkeits- und Kontrollwahn einst installiert wurden, aber einer Vertrauens- und Führungskultur diametral entgegenstehen. Das kommt einem **Paradigmenwechsel in der Personalentwicklung** gleich. Die digitale

Transformation ist also ein Leadership- **und** ein Kultur-Thema. Jede Arbeitskultur braucht ihren eigenen Zugang zu den jeweils passenden Kommunikationstechnologien. Jede Kultur tickt anders, verarbeitet ihre Informations- und Kommunikationsflüsse unterschiedlich. Hier besteht zum Teil ein erheblicher Handlungsbedarf, denn Kultur wird nicht verordnet, sondern muss (vor-)gelebt werden. Letztlich geht es um die Frage, wie es Führungskräfte schaffen können, „dass die menschliche Lebendigkeit und Intelligenz in ihrer Organisation aktiviert oder erhalten bleibt und dass nicht das Regime der Prozesse, Strukturen und Technologien jegliche Unberechenbarkeit, Unvorhersehbarkeit, Spontaneität und damit Kreativität der menschlichen Natur erstickt" [Ciesielski/Schutz 2015, S. XII].

Ebenso obsolet ist das **falsche Konstrukt des Talentmanagements,** mit dem heute immer noch standardisierte Führungsklone als künftige Vorgesetzte produzierte werden sollen. Den Unternehmen ist im Hinblick auf die digitale Transformation vielmehr zu raten, Führungskräfte hinsichtlich der Eignung für den virtuellen Kontext auszuwählen bzw. entsprechende Personalentwicklungsangebote (Beziehungstraining) anzubieten. Denn im Kern geht es bei der digitalen Führung um Beziehungsarbeit, d. h. um wertebasierte Beziehungen, die aufgebaut, gepflegt und gegebenenfalls auch professionell beendet werden müssen. Allerdings wird das Konzept der Führungskräfteauswahl nur dann funktionieren, wenn ausreichend kompetente Führungskräfte zur Verfügung stehen. Da dies aber in aller Regel nicht der Fall ist, müssen individuelle **Talententfaltungsformate** erarbeitet werden, um die gewünschten Kompetenzen in soziologisch fassbaren Konfliktsituationen unter Managementanforderungen mit entsprechender Selbstreflexion zu entwickeln.

Digitalisierung und ihr Einsatz sollte allerdings niemals Selbstzweck, sondern ein Mittel zum Zweck sein. Es kommt nicht so sehr auf die Technologie an, sondern vor allem darauf, wie man sie im Sinne der Kundenanforderungen umsetzt und nutzt. Insofern sollte die Digitalisierungsstrategie immer auch integraler Bestandteil der Geschäftsstrategie sein und nicht umgekehrt. Es geht bei der Digitalisierung also nicht darum, alles nur noch digital zu tun. Vielmehr kommt es darauf an, Digitalisierung als integralen Bestandteil von Prozessen und Kanälen zu nutzen [vgl. Leichsenring 2019].

4.2.3 Hybride Führungskraft

Um in dem neuen, digital geprägten Umfeld zu bestehen, ist also ganz offensichtlich die **hybride Führungskraft** ein möglicher Schlüssel zum Führungserfolg.

Das heißt, für die Führungskraft ist es wichtig, sowohl in der virtuellen als auch in der analogen Welt als ein menschliches Wesen wahrgenommen zu werden, um mit den Mitarbeitern deren Werte teilen zu können. Am Ende sind es die Menschen mit Persönlichkeit, die Präsenz zeigen und eine Identität sichtbar machen, die offline und online zur Kenntnis genommen werden kann. Auf die aktive Gestaltung solcher Identitäten sollte Führung in der digitalen Welt viel Wert legen [vgl. im Folgenden Ciesielski/Schutz 2015, S. 140 ff. und Hildebrandt et al. (2013), S. 163 ff.].

Hildebrandt et al. unterscheiden im Kontext hybrider Arbeitsräume drei **Präsenzarten:**

- Soziale Präsenz (engl. *Social Presence*)
- Kognitive Präsenz (engl. *Cognitive Presence*)
- Führungspräsenz (engl. *Leadership Presence*).

Soziale Präsenz ist die Wahrnehmung, die andere von einem als Person in einem virtuellen Umfeld haben. In virtueller Interaktion kann soziale Präsenz im Wesentlichen durch folgende Reaktionen gezeigt werden:

- Affektive Reaktionen (wie Emotionen, Humor, Selbstoffenbarungen)
- Bindende Reaktionen (Ausrufe und Grüße, die Gruppe mit „wir" und „unser" ansprechen)
- Bezugnehmende Reaktionen (Nutzung von „Bearbeitungsfunktionen", direktes Zitieren, Bezugnehmen auf die Inhalte anderer Nachrichten).

Kognititve Präsenz ist das menschliche Vermögen, Bedeutungen und Wissen aus einem Prozess der Reflexion und Kommunikation in einem virtuellen Rahmen zu ziehen. Wenn Einsichten aus Diskussionen und Konflikten gewonnen werden, wenn Synthesen vorgeschlagen und Informationen ausgetauscht werden oder wenn Probleme angesprochen oder Lösungsvorschläge gemacht werden, so sind dies Indikatoren für kognitive Präsenz.

Führungspräsenz schließlich bindet soziale und kognitive Präsenz zusammen, sorgt proaktiv dafür, dass die technischen und kulturellen Rahmenbedingungen vorhanden sind, in denen die Gruppe interagieren kann. Es werden Beziehungen und Aufgaben betrachtet und stets als Rollenvorbild agiert. In den meisten Fällen geht es um Formen der Moderation und des Coachings. Eine digitale Führung sollte stets virtuelle Verfügbarkeiten haben. So sollte die Führungskraft einmal die Woche z. B. via WebEx online zur Verfügung stehen oder die Präsenz durch das Schreiben eines Blogs erhöhen.

Soziale, kognitive und Führungskompetenz sind auch das Ergebnis der **Medienkompetenz** der jeweiligen Führungskraft. Medienkompetenz als Teil der digitalen Führungskompetenz ist dabei als eine Querschnittskompetenz zu betrachten, die das Entwickeln verschiedener Kompetenzbereiche notwendig macht – ähnlich der digitalen Führungskompetenz (siehe Abschn. 3.2.6). Dabei geht es u. a. darum, den richtigen Medienmix für die optimale Zusammenarbeit zu finden.

Medienkompetenz macht vor allem auch Generationsunterschiede deutlich, denn bei dieser Kompetenzart geht es nicht allein um die Frage, welche Medien eingesetzt werden, um zu kommunizieren, sondern es muss auch berücksichtigt werden, mit welchem Kompetenzniveau die jeweilige Gruppe an die Anwendung der Technologien herangeht. Wird die gesamte Bandbreite der Medienkanäle nicht ausprobiert, kann es durchaus vorkommen, dass nicht alle Gruppenmitglieder ihre Probleme und Herausforderungen rechtzeitig und stark genug kommunizieren können.

5 Zur Demokratisierung von Führung

Allen neuen Führungsansätzen ist eines gemeinsam: Sie weisen einen deutlich höheren **Demokratisierungsgrad** auf als die klassischen Führungskonzepte [vgl. im Folgenden LIPPOLD 2018a].

Es ist zwar richtig, dass Führungskräfte, die auf persönliche Macht, Einfluss, Status und Prestige fixiert sind, in jeder Organisation überflüssig sind. Unter solch einer schlechten Führung haben alle Mitarbeiter zu leiden und hier trifft sicherlich die Erkenntnis zu, dass ein Mitarbeiter, der kündigt, nicht das Unternehmen, sondern den Chef verlässt.

Die Frage aber ist, ob man deshalb die Führung total „demokratisieren" sollte? Und überhaupt: Wie viel Demokratie verträgt Führung eigentlich?

Wollen wir wirklich nicht mehr von den Vorteilen guter Führung profitieren? Wollen wir auf motivierende Zielsetzungen, positiv wirkendes Feedback, Wertschätzung der Arbeit, individuelle Forderung und Förderung und ein offenes Ohr für die Sorgen der Mitarbeiter verzichten? Wären Fußballmannschaften ohne Trainer wie Pep Guardiola, Jürgen Klopp oder Jupp Heynckes genauso erfolgreich, wenn sie sich selbstorganisieren würden? Wer in einer Organisation arbeitet, in der Führung durch Vorgesetzte positiv wirkt, käme wohl kaum auf die Idee, die Führungskräfte abzuschaffen [vgl. SCHERER 2018a].

Bei aller Euphorie über die neuen, progressiven Zusammenarbeitsmodelle sollte die Passung von Führungsstil und Organisationsform immer wieder auf den Prüfstand gestellt werden. Denn es gibt es einen Punkt, an dem der optimale Grad der Mitbestimmung für die jeweilige Organisation erreicht ist. Abb. 5.1 zeigt sehr anschaulich, dass Demokratisierung keine lineare Funktion ist, die automatisch zu mehr Erfolg führt. Maximale Demokratisierung ist also suboptimal.

D. Lippold, *Führungskultur im Wandel*, essentials,
https://doi.org/10.1007/978-3-658-25855-9_5

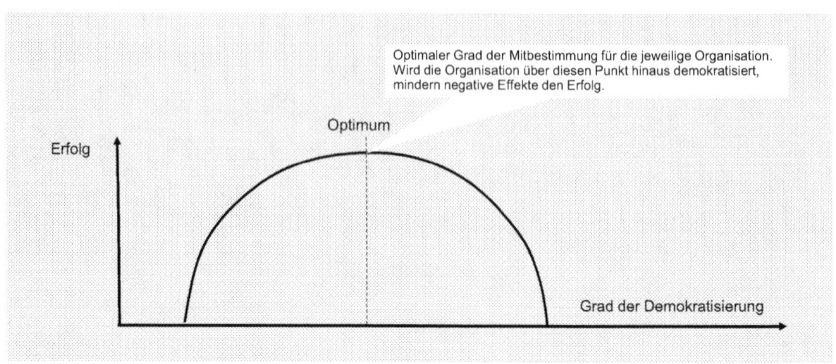

Abb. 5.1 Optimaler Grad der organisationalen Mitbestimmung. (Quelle: Scherer 2018)

Wird die Organisation über diesen Punkt hinaus „demokratisiert", kann der Schuss nach hinten losgehen, denn

- nicht jeder Mitarbeiter möchte Zunahme an Verantwortung und den Leistungsdruck einer Führungsposition übernehmen,
- nicht jeder Mitarbeiter möchte an Entscheidungen beteiligt werden,
- nicht jedes Unternehmen verfügt über eine homogene Mitarbeiterschaft, die bspw. alle derselben Generation (Y) angehört,
- nicht jedes Unternehmen hat so gute Voraussetzungen für eine agile Organisation wie Start-ups.

Thomas J. Scherer kommt zu der Erkenntnis, dass die Abschaffung klassischer Führungsstrukturen dazu führt, dass sich dann eine Dynamik in Gang setzt, in der Machtkämpfe um informelle Positionen ausgetragen werden. Schließlich gäbe es eine nicht unbeträchtliche Anzahl von Menschen, „die am Ende des Tages, wenn sie keine Konsequenzen zu fürchten hätten, ihr eigenes Wohl über das der Organisation oder des Teams stellen würden? Und braucht es nicht vielleicht formelle Führung, um Individualinteressen ausgleichen und Mobbing unterbinden zu können?" [Scherer 2018a].

Diese Überlegungen machen sehr deutlich, dass es letztlich doch immer wieder formeller und damit klassischer Führungsansätze bedarf, um letztlich den Rahmen für gemeinsame, selbstorganisierte Führung zu schaffen und diese damit überhaupt erst ermöglichen.

Abb. 5.2 fasst die wichtigsten Überlegungen zum Miteinander von klassischen und New Work-Führungskonzepten zusammen.

	Klassische Ansätze	Neuere Ansätze
Führungserfolg	Durch **Eigenschaften** oder (**situatives**) **Verhalten** der Vorgesetzten	Durch **Interaktion** zwischen Führungskräften und Mitarbeitern
Führungsverständnis	Mitarbeiter brauchen eine – starke Hand – klares Ziel – den Weg dahin Aber auch: – Motivierende Zielsetzungen – Positiv wirkendes Feedback – Individuelle Forderung und Förderung – Offenes Ohr für die Sorgen der Mitarbeiter	• Gemeinsame, selbstorganisierte Führung • Mitarbeitern wird grundsätzlich vertraut • Hinterfragen der Sinnhaftigkeit von zu erledigenden Aufgaben • Hoher „Demokratisierungsgrad" Aber auch: – Nicht alle Mitarbeiter wollen Verantwortung und Leistungsdruck – nicht jeder Mitarbeiter möchte an Entscheidungen beteiligt werden – nicht jedes Unternehmen hat eine homogene Mitarbeiterschaft – nicht jedes Unternehmen hat so gute Voraussetzungen für eine agile Organisation wie Start-ups

Abb. 5.2 Miteinander von klassischen und New Work-Führungskonzepten

6 Unverhandelbare Führungsaspekte

Eine (Führungs-)Kultur lässt sich nicht verordnen und schon gar nicht in der Form einführen, dass danach der „ganze Laden anders tickt“. Ganz im Gegenteil, eine **Kultur muss (vor)gelebt** werden und hierzu benötigt man die richtigen Vorreiter. Für diese ist es wichtig, dass sie sowohl in der digitalen als auch in der analogen Welt als Menschen wahrgenommen werden, mit denen die Mitarbeiter bestimmte Werte teilen können (Stichwort: Hybride Führungskraft).

Unabhängig davon, ob man auf transaktionale Führungsansätze einerseits oder auf transformationale, agile, virtuelle oder verteilte Führung andererseits bzw. auf klassisch geführte oder selbstorganisierte Teams setzt, folgende **Kennzeichen einer Führungskultur** sollten nicht verhandelbar sein [vgl. im Folgenden Lippold 2019b]:

- **Führung nicht durch Status oder Macht, sondern durch Anerkennung und Respekt**

Führung durch Status und Macht bedeutet – aus Sicht der Geführten – dass hier Anerkennung von anderen „gegeben“ ist. Gerade bei jüngeren Organisationen wird ein solcher Status besonders hinterfragt, diskutiert und kritisiert. Damit besteht die Gefahr, dass Führung instabil wird. Aus Gründen einer stabilen Führungskultur sollte somit Anerkennung und Respekt auch immer direkt von den geführten Mitarbeitern kommen.

- **Führung mit Begeisterung, Wertschätzung und Offenheit**

Wer selbst begeistert ist und andere begeistern kann, verfügt über zwei der wichtigsten elementaren Führungseigenschaften. Wertschätzung ist das höchste Gut, das die Vorgesetzten ihren Mitarbeitern gegenüber erweisen können. Organisationale Offenheit und damit Vertrauen ist die Währung im digitalen Zeitalter.

D. Lippold, *Führungskultur im Wandel*, essentials,
https://doi.org/10.1007/978-3-658-25855-9_6

- **Über das Eigeninteresse hinausgehendes Engagement**

Ein Mitarbeiterengagement, das weit über das Eigeninteresse hinaus geht und damit der Gesamtheit dient, kann gar nicht hoch genug eingestuft werden. Es hat entscheidenden Einfluss auf Motivation, Anerkennung und Respekt bei allen beteiligten Führungskräften und Mitarbeitern.

- **Ergebnisse und nicht unbedingt Leistung zählen**

Bei der Beurteilung von Führungskräften und Mitarbeitern sollte die allseits bekannte physikalische Messlatte „Leistung ist Arbeit in der Zeiteinheit" so langsam der Vergangenheit angehören. Entscheidend ist nicht, wie lange jemand täglich am Schreibtisch sitzt, sondern welche Ergebnisse er erzielt hat.

- **Gemeinsame Erforschung neuer Lösungen und Denkweisen durch die Gruppe**

Gute Führung kann auch informell aufgrund von Gruppenprozessen entstehen. Dazu ist eine Interaktions- und Beziehungsqualität erforderlich, die einen konstruktiven und generativen Dialog erlaubt. Zudem ist eine gute Interaktions- und Beziehungsqualität häufig eine Voraussetzung für das Wir-Gefühl einer Gruppe.

7 Fazit

Es steht außer Frage, dass die New Work-Führungsansätze eine ganze Reihe von Vorteilen mit sich bringen. Flexibel, dynamisch, agil und demokratisch sind die Attribute, die am häufigsten im Zusammenhang mit **zeitgemäßer Führung** genannt werden. Es steht auch außer Frage, dass sie Unternehmen dazu verhelfen können, eine höhere Entscheidungsqualität, Kreativität, Agilität und damit gute Gewinne zu erreichen.

Doch sind auch wirklich alle Unternehmen für solch eine Art Führung gleichermaßen geeignet? Und wenn ja, wie können es Unternehmen mit einer eher **autoritären Führungskultur** schaffen, sich hin zu einer kooperativen Führungskultur zu entwickeln, ohne allerdings eine maximale Demokratisierung der Führung anzustreben. Wie können Führungskulturen, die bislang von Anweisungen, Vorgaben und Kontrolle leben, den Weg in ein digitales Zeitalter mit einer disruptiven Organisationsumgebung finden?

Es sind nicht so sehr die formellen Strukturen, Strategien und Prozessen, die bei diesem Weg eine entscheidende Rolle spielen. Es sind vielmehr vor allem **weiche Faktoren** wie gemeinsam geteilte Werte, Fähigkeiten der Mitarbeiter und eine geeignete Arbeitskultur, die über den erfolgreichen Weg eines Unternehmens in eine agile Arbeitsumgebung entscheiden. Passt eine sich selbst führende Organisation hier in das Gesamtkonzept der Unternehmung, kann diese ein erfolgreicher Weg in die Zukunft sein [vgl. Scherer 2018b].

Es geht also nicht mehr um die Vor- oder Nachteile der digitalen Transformation und der damit verbundenen organisatorischen Rahmenbedingungen, sondern darum, wie unsere Unternehmen diesen unaufhaltsamen **gesellschaftlichen Trend** für sich nutzen. Es geht darum, agiles Arbeiten zu ermöglichen, Silodenken aufzubrechen und eine ausgeprägte Innovations- und Kundenorientierung zu praktizieren, ohne dabei allerdings den Demokratisierungsgrad der Führung zu maximieren.

D. Lippold, *Führungskultur im Wandel*, essentials,
https://doi.org/10.1007/978-3-658-25855-9_7

Dazu bedarf es einer Feedback- und Fehlerkultur, die dafür sorgt, dass sich Organisation und Führungskräfte weiterentwickeln und sich die Digitalisierung zunutze machen [vgl. ARON-WEIDLICH 2018].

Was Sie aus diesem *essential* mitnehmen können

- Hintergrundinformationen zu der gegenwärtigen Diskussion über klassische versus neue Führungskonzepte
- Erste Überlegungen zur Vereinbarkeit von klassischen und New Work-Führungskonzepten
- Diskussionsgrundlage über Führungskonzepte im Kontext von Generationenwechsel, digitaler Transformation und agiler Arbeitskultur
- Einflussfaktoren und Ausprägungen neuer Führung
- Erste Überlegungen zur Umsetzung von neuen Führungskonzepten in die Praxis am Beispiel von Start-ups und Mittel- und Großunternehmen

D. Lippold, *Führungskultur im Wandel*, essentials,
https://doi.org/10.1007/978-3-658-25855-9

Literatur

ARON-WEIDLICH, M. (2018): Digitale Transformation – braucht es deshalb eine andere Führung? In: https://www.linkedin.com/pulse/digitale-transformation-braucht-es-deshalb-eine-martina-aron-weidlich/

BARTSCHER, T./STÖCKL, J./TRÄGER, T. (BARTSCHER et al. 2012): Personalmanagement. Grundlagen, Handlungsfelder, Praxis, Pearson, München 2012.

BASS, B. (1985): Leadership and Performance Beyond Expectations, Free Press, New York 1985.

BAUMGARTEN, R. (1977): Führungsstile und Führungstechniken, Springer, Berlin-New York 1977.

BLAKE, R. R./MOUTON, J. S. (1972): Besser verkaufen durch GRID, Econ-Verlag, Düsseldorf – Wien 1972.

BRÖCKERMANN, R. (2007): Personalwirtschaft. Lehr- und Übungsbuch für Human Resource BUSS,Management, 4. Aufl., Schäffer-Poeschel, Stuttgart 2007.

BUSS, E. (2009): Managementsoziologie. Grundlagen, Praxiskonzepte, Fallstudien, 2. Aufl., de Gruyter, München 2009.

CIESIELSKI, M.A./SCHUTZ, T. (2016): Digitale Führung. Wie die neuen Technologien unsere Zusammenarbeit wertvoller machen, Springer, Wiesbaden 2016.

FIEDLER, F. E. (1967): Engineer the Job to Fit the Manager, in: Harvard Business Review 43 (5/1965), S. 115–122.

GAY, F. (2006): Das DISG®Persönlichkeits-Profil: Persönliche Stärke ist kein Zufall, 34. Aufl., Remchingen 2006.

HALPIN, A. W./WINER, B. J. (1957): A factorial study of the LBDQ, in: STOGDILL, P./COONS, A. (Hrsg.): Leader behavior: Its description and measurement, Ohio State University, Columbus, S. 39–51.

HAUSER, M. (2000): Charismatische Führung: Fluch und Segen zugleich?, Frankfurter Allgemeine Zeitung, 42 (14.02.2000), S. 69.

HERSEY, P./BLANCHARD, K. H. (1981): So You Want to Know Your Leadership Style?, Training and Development Journal, June 1981, S. 34–54.

HILDEBRANDT, M./JEHLE, L./MEISTER, S./SKORUPPA, S. (HILDEBRANDT et al. 2013): Closeness at a distance – Leading virtual groups to high performance. Oxfordshire: LIBRI Publishing.

D. Lippold, *Führungskultur im Wandel,* essentials,
https://doi.org/10.1007/978-3-658-25855-9

House, R. J. (1977): A Theory of Charismatic Leadership, in: Hunt, J. G./Larson, L. L. (Hrsg.): Leadership. The Cutting Edge, Carbondale 1977, S. 189–207.

Hungenberg, H./Wulf, T. (2011): Grundlagen der Unternehmensführung. Einführung für Bachelorstudierende, 4. Aufl., Springer, Berlin-Heidelberg 2011.

Jochmann, W. (2019) in: https://www.linkedin.com/pulse/top-trends-hr-und-people-manage-ment-2019-dr-walter-jochmann/

Jung, H. (2006): Personalwirtschaft, 7. Aufl., Oldenboug, München 2006.

Jung, H. (2017): Personalwirtschaft, 10. Aufl., de Gruyter, Berlin/Boston 2017.

Kollmann, T./Schmidt, H. (2016): Deutschland 4.0. Wie digitale Transformation gelingt, Springer, Wiesbaden 2016.

Lang, R./Rybnikova, I. (2014): Aktuelle Führungstheorien und -konzepte, Springer, Wiesbaden 2014.

Laudon, S. (2017) in: http://www.cebit.de/de/news-archiv/digital-insights/moderne-mitarbeiterfuehrung-diese-5-chefs-machen-es-vor/ (aufgerufen 03.02.2017).

Leichsenring, H. (2019): Digitalisierung erfordert organisatorische Kompetenz. Zur Rolle des Chief Digital Officers, in: https://www.der-bank-blog.de/digitalisierung-erfordert-organisatorischekompetenz/ (aufgerufen 04.01.2019)

Lippold, D. (2014): Die Personalmarketing-Gleichung. Einführung in das wert- und prozessorientierte Personalmanagement, 2. Aufl., Oldenbourg, München 2014.

Lippold, D. (2015): Theoretische Ansätze der Personalwirtschaft. Ein Überblick, Springer, Wiesbaden 2015.

Lippold, D. (2017): Marktorientierte Unternehmensführung. Management im digitalen Wandel, de Gruyter, Berlin/Boston 2017.

Lippold, D. (2019a): Wieviel Demokratie verträgt Mitarbeiterführung? In: https://lippold.bab-consulting.de/wieviel-demokratie-vertraegt-mitarbeiterfuehrung (aufgerufen 12.02.2019)

Lippold, D. (2019b): Was bei einer Führungskultur unverhandelbar sein sollte, in: https://lippold.bab-consulting.de/was-bei-einer-fuehrungskultur-nicht-verhandelbar-sein-sollte

Macharzina, K./Wolf, J. (2010): Unternehmensführung. Das internationale Managementwissen. Konzepte – Methoden – Praxis, Springer, Wiesbaden 2010.

Marston, W. M. (1928): Emotions of Normal People, Harcourt, Brace & Co., New York 1928.

Möller, J./Schmidt, C./Lindemann, C. (Möller et al. 2015): Generationengerechte Führung beruflich Pflegender. In: Zängl, P. (Hrsg.): Zukunft der Pflege – 20 Jahre Norddeutsches Zentrum zur Weiterentwicklung der Pflege, Springer, Wiesbaden (S. 117–130).

Myers, D. G. (2010): Psychology, 9th ed., New York University Press, New York 2010.

Neuberger, O. (2002): Führen und führen lassen. Ansätze, Ergebnisse und Kritik der Führungsforschung, 6. Aufl., UTB, Stuttgart 2002.

O'Reilly, T. (2005): What Is Web 2.0: Design Patterns and Business Models for the Next Generation of Software. In: http://oreilly.com/web2/archive/what-is-web-20.html (aufgerufen 16.05.2013).

Reddin, W. J. (1981): Das 3-D-Programm zur Leistungssteigerung des Managements, Moderne Industrie, Landsberg/Lech 1981.

Riederle, P. (2014) in: https://www.welt.de/debatte/kommentare/article135783672/Wie-Digital-Natives-veraendern-die-Welt.html (aufgerufen 03.02.2017).

ROSENSTIEL, VON, L. (2003): Führung zwischen Stabilität und Wandel, Langen Müller, München 2003.

SAGIE, A./KOSLOWSKY, M. (1994): Organizational Attitudes and Behaviors as a Function of Participation in Strategic and Tactical Change Decisions: An Application of Path-Goal-Theory, Journal of Organizational Behavior, 15, 1, S. 37–47.

SCHERER, T. J. (2018a): Die Utopie der sich selbst führenden Organisation – Teil 1, in: https://www.linkedin.com/pulse/die-utopie-der-sich-selbst-f%C3%BChrenden-organisation-teil-scherer/ (aufgerufen 12.02.2019).

SCHERER, T. J. (2018b): Die Utopie der sich selbst führenden Organisation – Teil 2, in: https://www.linkedin.com/pulse/die-utopie-der-sich-selbst-f%C3%BChrenden-organisation-teil-scherer/ (aufgerufen 12.02.2019).

SCHIRMER, U./WOYDT, S. (2016): Mitarbeiterführung, 3. Aufl., Springer, Wiesbaden 2016.

SCHOLZ, C. (2011): Grundzüge des Personalmanagements, Vahlen, München 2011.

SCHRIESHEIM, C./CASTRO, S./ZHOU, X./DECHURCH, L. (SCHRIESHEIM et al. 2006): An Investigation of Path-Goal and Transformational Leadership Theory Predictions at the Individual Level of Analysis, Leadership Quarterly, 17, 1, S. 21–38.

STAEHLE, W. (1999): Management, 8. Aufl., Vahlen, München 1999.

STEINMANN, H./SCHREYÖGG, G. (2005): Management. Grundlagen der Unternehmensführung. Konzepte – Funktionen – Fallstudien, 6. Aufl., Gabler, Wiesbaden 2005.

STOGDILL, R. (1948): Personal Factors Associated With Leadership: A Survey of the Literature, Journal of Psychology, 72, 3, S. 444–451.

STOGDILL, R. (1974): Handbook of Leadership: A Survey of Theory and Research, Free Press, New York 1974.

STOCK-HOMBURG, R. (2013): Personalmanagement: Theorien – Konzepte – Instrumente, 3. Aufl., Springer Gabler, Springer, Wiesbaden 2013.

TANNENBAUM, R./SCHMIDT, W. H. (1958): How to Choose a Leadership Patter. In: Harvard Business Review, Heft 2/1958, S. 95–101.

VROOM, V. H./YETTON, P. W. (1973): Leadership and Decision-Making, University of Pittsburg, Pittsburg 1973.

WALD, P. M. (2014): Virtuelle Führung, in: LANG, R./RYBNIKOVA, I. (Hrsg.): Aktuelle Führungstheorien und -konzepte, Springer, Wiesbaden 2014 (S. 355–386).

WEBER, M. (1976): Wirtschaft und Gesellschaft. Grundriss der verstehenden Soziologie, 5. Aufl., Mohr-Striebeck, Tübingen 1976.

WEIBLER, J. (2016): Personalführung, 3. Aufl., de Gruyter, München 2016.

WOFFORD, J./LISKA, L. (1993): Path-Goal Theories of Leadership: A Meta-Analysis, Journal of Management, 19, 4, S. 857–876.

Printed in the United States
By Bookmasters